「ホンネ」が響き合う教室

どんぐり先生のユーモア詩を通した学級づくり

増田修治［著］

ミネルヴァ書房

はじめに

この本は、日々の学級経営や実践に悩んでいる先生たち、そして特に若い先生を対象として書かれた本です。ですから、先生たちがぶつかるだろうと思われる問題や課題を中心に取り上げています。また、私自身の実践や「若手の研究会（教育実践研究会）」でのレポートなどを紹介しながら、そのぶつかっている問題や課題にどう立ち向かい、どうしたら少しでも良い方向に持って行くことができるかを考察しています。

今、子どもたちや父母に対して、「どのように接していくか」が非常に難しい時代になっています。正直でまっすぐでいたいと思えば思うほど、教師が深く傷つき、悩みを深くするという状況です。（もちろん、親も悩んでいるのですが……）だからこそ、「もっと肩の力を抜こうよ！」というメッセージを込めました。特に若い先生は、失敗する権利があるのです。若いうちはいっぱい失敗し、試行錯誤を繰り返せばいいのです。私自身も若い頃、たくさんの失敗をしましたし、苦い思い出がたくさんあります。しかし、そうしたことの積み重ねによって、たくさんのことを学ぶことができたし、「子どもとともに生きること」ができたのではないかと思っています。

教育という仕事は、元来おもしろいものなのです。子どもの成長に力を貸すだけでなく、その成長する姿を目の前で見せてもらえるのですから、こんなにやりがいのある仕事はないのではないかと思います。そんなやりがいのある仕事が、大きな困難さを伴う仕事に変貌してしまっているのです。そのことが、残念でなりません。

「若い先生に、もっとのびのびと仕事をしてほしい」というのが、私の大きな願いです。そのためには、まず若い先生方を励ますことが必要だと思ったのです。それがこの本を執筆した大きな動機です。若い先生こそ、少し肩の力を抜くことや「失敗から学ぶ」ということに対して、わかってほしいと思っているのです。そのことが、全国の若い先生が、イキイキと教育に取り組むようになるきっかけになるはずです。そのための羅針盤とまではいきませんが、この本で教育の方向性を指し示せれば良いなと思っています。最初に述べたように、この本は若い先生向けに書いたものですが、ベテランの先生が読んでも、実践のヒントや子どもへの見方のヒントになるものを盛り込んであります。ですから、年代をこえて実践の方向性が見えるものになるようにしています。

また、本書全体の考え方のベースには「臨床教育学」が流れています。「臨床教育学」とは、一言で言えば、「今の子どもの現状から出発していき、その現状をどのように変えていくか」を考えるものです。今回の本は、その「臨床教育学」を紹介する本ではありませんので、そのことについてはほとんど触れていません。実例をあげながら、どのように対処していくか、どのように考えていくかを、できるだけ丁寧に解説したものにしています。ですから、読みながら「臨床教育学」が自然と流れ込んでいくようなものとなっています。手元において、何度も読んでみて下さい。困った時に、ページをめくってみて下さい。きっと、何かしらの手助けになるはずです。

今、かつてないほどの教育の困難さを前に、どの先生もがたじろいでいる状況です。いや、立ちすくんでいると言っても良いかもしれません。そんな状況にある先生方のもとにこの本が届き、いくらかでも元気が出るための手助けができたとするなら、こんなにうれしいことはありません。

二〇一二年十二月吉日

冬の寒さを感じながら

増田修治

「ホンネ」が響き合う教室

もくじ

序　章

子どもに寄り添い、共に成長する若い教師

心からの叫びに触れて

本田あつき（教師二年目）

在籍学級でもらった算数のプリント
ていねいに一緒に45分間取り組んだが、
全部終わらなかった。
「どうしてできないんだよ！」
と泣きながら寝そべり床を叩きならして叫んだ。
自分の力で考えて「わかった」の喜びを
積み上げていたのに…。
「なんでオレは出来ないんだよ！」
何度も何度も叫んだ。
彼の心からの思いに触れたように思えた。
彼はどれだけの想いを抱えて
どのくらいの時間を耐えてきたんだろう。
本当は毎日この通級で一緒に勉強出来たら…。
私は思わず彼を抱きしめながら、
心で何度も「ごめんね」「ごめんね」
と謝っていた。

大学四年生の九月から参加した山口理恵さん（仮名）という女性がいます。大学四年生の時には他の仲間の実践を聞いているだけでした。しかし、実際の現場に立ってみると、予想以上に大変だったのです。その山口さんに焦点を当てて、「新任教師が成長していくこと」「失敗から学ぶということ」について考えてみたいと思います。

1　問題行動にたじろぐ

私は、若い先生方を集めて教育実践研究会を開いています。その教育実践研究会の二年目の四月のことです。その年の四月から教師になったばかりの山口さんが、クラスのたけし君（仮名）という男の子が起こす様々な問題行動に困っていることを、次のようなレポートにまとめてきました。

たけし君との出会い

山口理恵（仮名）

学級開きから早一ヶ月。早速学級では色々な事件が起こっている。特に私の頭を悩ませるのが、暴力を振るい、なかなか席についてくれないたけし君（仮名）のことだ。たけし君は一年生の時から落ち着きのない子だったという。学級開きをして二・三日の間はわりとおとなしくして、時には甘えて私の隣で給食を食べると言ったり、膝に乗ってきたりした。

ところが、そのうち授業が始まると、自分だけ注目を集めたいのか、窓の外に身を乗り出したり、非常階段から出てしまったりし始めた。たけし君は私が追いかけてくるのを楽しんでいるようであった。だんだんとそのような行為はエスカレートしていき、特別教室の掲示物を破ったり、授業に出ずに廊下をぶらついたり、他の友だちに水をかけたりするようになってきた。

私はどうやって彼を叱ったらいいのか、授業を止めてどこまで彼を追えばいいのかわからなかった。隣のクラスの先生や教頭先生にも彼を叱ってもらい、私の授業以外ではなんとか席につくようになった。

しかし、私なら何をしても大丈夫という意識が、たけし君の中に芽生えてしまったのだろう。「うるせーばばあ」と悪態をつき、私に向かってなぐったり蹴ったりするようになった。

四月の終わり、事故が起こった。たけし君が授業に出ずに廊下に水を撒き散らして遊んでいた。その次の休み時間に同じクラスの子どもが廊下で転び、頭を打って救急車を呼ぶという事故が起きた。怪我は大事には至らず、保護者の方も「本人が走ったのがいけなかった」と言ってくださったおかげで、大きな問題にならずに済んだ。たけし君が直接起こした事故ではないとは言え、今後このようにたけし君が落ち着かないことで、事故が起こったり、授業妨害をするようであったら困る。私はどうしたら良いかわからなかった。

クラスの一員として

たけし君が私の言うことを聞いてくれないのはなぜだろうと考えた。最初は甘えていたたけし君を大目に見ていた私の態度を見て、他の子どもたちから「先生は甘いよ！」という声が出てきた。その子どもたちの声を聞いて「あ、他の子も本当は甘えたいのに、私はたけし君ばかり見ていたかもしれない！」とハッとした。それ以降、他の子どもを重視する余り、たけし君が多少席につかなくても無視をして授業を進めてしまった。きっとそのことがたけし君には気に入らなかったのだろう。

私は授業のあいさつや帰りの会など、たけし君が席についてみんなが揃うまで始めないことにした。すると、他の子どもたちが「たけし、早く席につけよ！」と言い始めた。今まで他の子どもたちは「またたけし君が怒られてるよ」「他のクラスに行ってくれれば良いのに」ということをつぶやいていた。

ある日、日直の書く学級日記に、「今日たけしが、社会と音楽の時間ちゃんとべんきょうした。」と書いていた。どちらも私の授業ではないが、他の子どもたちがたけし君のいいところを見つけて、評価してあげていることがとてもうれしかった。

たけし君はまだ私の言うことを聞いてくれないし、授業もちゃんと受けてくれない。しかし、今は子どもたちの力を借りて、クラス全体でたけし君のことを見守って、一緒に勉強ができるようになったら良いなと思う。

このレポートを読み合う中で、

「そうそう、子どもをどの程度怒ったら良いのかが、すごく困るんだよねー。」

「どんな時に怒るかが、けっこう難しいし、判断しにくいんだよな。」

「授業が上手なわけじゃないから、子どもに嫌われたくないとついつい思ってしまうんだよね。」

といった感想が出てきました。


みんなで感想を言い合ったあと、まず私は次の様な質問をしました。

「このレポートの中でやった方法で良いのは、どこだろう?」

すると、教育実践研究会に参加していた先生の一人が、

「たけし君が席につかなければ授業を始めないという方法をとったこと。」

とすぐさま答えました。私もすぐさま、

「そうだね。その要求は、必要な要求だよね。最初『他のクラスに行ってくれればいいのに』と言っていた子どもたちが、『今日たけしが、社会と音楽の時間ちゃんとべんきょうした。』と学級日記に書くようになったのは、大きな変化だよね。」

と相づちをうちました。

その後、今度は第二の質問をしたのです。

「山口さんに対してたけし君の行動が、エスカレートしているよね。『うるせーばばあ』と言ったり、山口さんをなぐったり蹴ったりするようになっているよね。そんな風に、エスカレートした原因は、何だと思う?」

教育実践研究会のメンバーは、「エッ?」という顔をして、

「レポートの中に書いてありますか?」

と聞いてきました。

「うん、書いてあるよ。よく読んでごらん!」

と私が答えると、目を皿のようにして読み始めました。

「甘えたいのに、甘えさせてくれなくなったからかなー?」

「なぐっても、山口さんが怒らないことがわかったからだ。」

と、口々に意見を言います。しばらく意見交換した後、私は、

「それはね、隣の先生や教頭先生にたけし君を怒ってもらったからだよ。学級というのは集団だから、どうしてもパワーゲームの要素がある。つまり、集団の中における力関係の中で、それぞれ一人ひとりがどのような位置にあるかを確かめる行為を繰り返しながら集団が創られていくということなんだよ。こうした暴力を肯定する傾向にある子は、そうしたパワーゲームにおける位置関係に敏感な部分を持っているんだ。だから、隣の先生や教頭先生に代わりに怒ってもらわなければ、山口先生は怒ることさえできない先生なんだという形での位置付けを心の中でしたんだ。つまり、隣の先生や教頭先生が、たけし君の心の中で上位を占めた。その結果として、相対的に山口さんの位置が下がったということなんだよ。だから、行動がエスカレートする結果になったんだよ。」

と話しました。それに対して、

「でも私も女の先生だからわかるけど、どうしても男の先生に怒るのをたのんでしまうことがあります。じゃあ、どうしたら良いですか?」

と、他の女性教師から質問がありました。

「そうだね。例えば、演技をしてもらうと良いな。たけし君を隣の先生や教頭先生にわざと少しきつめに怒ってもらう。そして、その場にいた山口さんが『そうは言っても、たけし君はとても良い子なんです。そんなに怒らなくても、たけし君はわかります』と言って、たけし君を守る役になると良いね。そうすると、たけし君は、『山口先生は、僕の味方をしてくれる』と思うようになるんじゃないかな?」

と私は答えました。

2 「子どもの中に潜む光」を、どう見つけるか

こうした話し合いをしながら、私は「たけし君の良い部分はないだろうか?」と目を皿のようにしてレポートを読んでいました。そして、「特別教室の掲示物を破く」という部分に目がいきました。荒れている子どもが教室の掲示物を破くことの方がよくあるはずなのに、特別教室と書いてあることに何かしらの意味があるはずだと考えたからです。そこで私は、たけし君のレポートについて更に次のように尋ねてみました。

「たけし君は、たくさんの問題行動を起こしているよね。そうした問題行動の中に埋もれて見えないかもしれないけど、たけし君の行動をよく読むと、光っている行為があるんだよ。わかるかな? 別の言葉で言うと、彼なりのルールにのっとって問題行動を起こしていると言えるんだけど、どんな点だかわかるかな?」

教育実践研究会のメンバーは、

「甘えているところかなー?」

「追いかけてくるのを、楽しんでいるところ?」

と、答えます。

「それじゃ、光っている行為とは言えないよ。山口さんに聞きたいんだけど、たけし君の好きな教科は何?」

「体育と図工です。」

「やっぱり、図工が好きなんだね。特別教室の掲示物を破くとは書いてあるけど、友だちの作品を破くとは書いてないよね。だから僕は、友だちの作品を破かないと予想したんだけど、どうかな? 例えば友だちの絵などは破かないでしょ。そこが、このたけし君の光っているところだと思うけど……。」

「そういえば、破きません。」

「つまりたけし君は、たくさんの問題行動を起こしているけど、その中で他人の絵などは破かないというルールだけは守っているんだよ。僕たちは、どうしても子どもの問題行動に目がいきがちになるし、それは当然だと思うよ。でも問題行動を起こす子であっても、たいてい何かしらの自分のルールや自分のこだわりを持って荒れていることが多いんだ。子どもたちの良い行為から光っているものを見つけ出すことは簡単だけど、僕たち教師は問題行動に見えるものの中からも、その子の光っている部分を見つけ出す力が必要だし、そういうふうに子どもを見ることが大切な時代になっているんだよ。」

　こうした話が進んでいくにつれ、今まで自信がなさそうにしていた山口さんの瞳に、光が戻っていく様子が手に取るように伝わってきました。そして、私は具体的な手だてをかんでふくめるように次のように語りました。

「じゃあ、そう見たからといって、なんとかなるというものではないよね。その見方を、子どもを具体的に変えていく手だてにつなげていかないといけないよね。だから、たけし君に聞くんだよ。『先生はね、たけし君のえらいなと思うところがある。それはね、他の子の作品を絶対破ったり壊したりしないところなんだ。どうして他の子の作品を破ったり壊したりしないの?』ってね。そしたら、きっと答えてくれるはずだよ。『僕は、図工が大好きだから、もし自分の作品が他の人に壊されたらイヤだもん。だから、他の人の作品には手を出さないんだ。』ってね。そこで山口さんは、『その気持ちを、作文に書いてみてほしいな』って言うと良いよ。そして、その作文を学級通信に書いて、みんなに読んでもらうんだよ。それだけで、たけし君は変わっていくはずだよ。もちろん、親の許可を得てからだけどね。」

この説明に対して山口さんは、

「そうですね。わかりました。やってみます。」

と、イキイキとした表情で答えました。

翌日、山口さんから、次のようなメールが届きました。

> お疲れ様です。昨日はありがとうございました。私は昨日あの子のことでかなり悩んだので、ちょうどお話を聞いてもらって、あんな風に丁寧にアドバイスをいただけて本当によかったです。行ってよかったです。
> 自分でもわからない原因や子どもたちの心理を読み取っていただけたおかげで、本当に驚きと安堵感とやる気をいただきました。
> すぐにたけし君が変わるとは思えないけれど、彼と向き合いながら、なんとか一緒に勉強ができるようになると良いです。彼の良いところをたくさん見つけて、自分自身もいろいろ考えながら、またがんばってみようと思います。
> 現場にでてみて、今までよりもっと、この研究会の意義の大きさというものを実感しています。大学生の時からこういう場を持てたこと、本当にラッキーだなと思います。

どうぞこれからもよろしくお願いします。

大学四年生の時から教育実践研究会に参加していた山口さんでしたが、現場に出て、実際に困難に直面してみて、どのようにたけし君へ働きかけたら良いかの糸口が見えなくて困っていたのです。人は誰でもそうですが、困難を解決していく方法が見えないと元気も意欲も出ません。逆に、具体的な方法がわかると、意欲が湧くものなのです。そんなことが改めてわかったメールでした。

一番のアドバイス

山口理恵

「先生は甘い！」
何度かクラスの子どもたちに
言われた言葉。
はじめて言われた時、ドキッとした。
確かにまだ怒り方がよくわからず
どのくらい怒っていいのかもわからない。
子どもの先生を見る目って
結構キビシイ……。

この先生はほかの先生とくらべて
どうかな？
私とあの子のおこり方は
ちがってないかな？
どんな時にこの先生は、
どれくらいおこるのかな？

きっと今子どもたちは
私の品定めをしているのだろう

子どもたちに
どんな先生だと思われているのか
ちょっとこわい気もするけど、
かざったって仕方ない。
子どもと一緒になって汗をかき
わかったときや
できたときの喜びを味わって
落ち込んだり悩んだりしながら

今ある自分の姿をぶつけるしかない。
でもそんな風に
素直にぶつかってくる子どもの声を
素直に受け止め、
自分のなかに取り込んでいこう。
子どもの何気ない一言が
一番のアドバイスなのだから……。

3　涙を流すことで更に荒れた〝たけし〟

七月の教育実践研究会に、再び山口さんがレポートを書いてきてくれました。今回は、今までのアドバイスによってどのように取り組みを変えたのか、その後のたけし君の様子はどうか？　というリクエストに応えてのレポートでした。

理解し合えないもどかしさ

山口理恵

自信を失った六月

六月に入り、私も子どもたちも気持ちの緩みと疲れが出てきた。私は初任研の課題や授業公開、授業見学などに追われ、落ち着いてクラスの状況を把握できていなかった。しかし、子どもたちへの厳しさも徐々に出せるようになってきた。

落ち着きがないたけし君に対しても、毎日怒る日々が続いた。そんなある金曜日、あまりにも宿題をやらないため、放課後に残らせて勉強をさせた。しかし、機嫌が悪かったたけしくんは、みんなの机をぐしゃぐしゃにしたり、黒板消しを投げたりして暴れた。本当はできるのにどうしてやってくれないのだろうという悔しさで、私はたけし君の前で涙を流した。私は涙を見せれば少しは自分の気持ちが伝わるだろうと思った。

ところが、月曜日になってもたけしくんはいつも以上に暴れた。さすがに、おかしいと思い、話を聞くとたけし君は「お前は、おれの気持ちがわかってない！　お前が泣いたからおれは傷ついたんだ！　前の先生は僕だけを見てくれた。お前は他の子と同じにしか見てくれない。」と言った。私は彼になんと言っていいかわからなくなり、自分が今までやってきたことにすっかり自信を失った。

たけし君を見つめて

たけし君に言われたことを自分なりによく考えた。やはり彼は、他の子と同じようにはできないかもしれない。とにかく友だちに迷惑をかけることだけはさせないようにしよう、彼なりの努力を認めてあげよう。そう思って、席についていれば同じことができなくても静かにしていればよし。これだけはやりなさいという課題を与え、できればよし、とした。そうすることで、私自身、彼のやること一つひとつにいらだたないようになった。

たけし君ががんばったことをみんなの前で評価するようにしたら、周りの子も「今日はこれをがんばってたよ」と報告してくれた。掃除をがんばったときは家庭に連絡をし、おうちの人にも誉めてもらい、次の日はたけし君が「また、電話してね」と言ってきた。また、たけし君は連絡帳を書かないので、プールがある日に家庭に用意するように連絡をしたら、次の日ちゃんと持ってきてくれた。それが、三年間で初めてのプールだったらしく、とてもはしゃいでいた。

なかなかクラスの友だちと関係がつくれなかったたけし君ではあるが、最近では放課後にクラスの友だちと遊ぶようになった。友だちなんかいないと言っていたたけし君が、一緒にクラスの友だちと遊んでいる様子を見るのは、とてもうれしかった。

しかし、他の先生の授業はとてもよくがんばっているのに、私の授業では出歩きをしてしまう。力の差をすごく感じるし、たけし君自身、私のことを甘く見ていることに変わりはない。関係のない友だちに手を出したり、勝手にセロテープやはさみを持ち出したり、問題行動はまだまだある。果たして二学期以降、私とたけし君との関係はどうなるのかすごく不安である。それでも、たけし君がいいところをいっぱい持っているのは、私もクラスのみんなもよくわかっている。少しずつたけし君なりに成長してくれればいいなと思う。


山口さんは、〝たけし君〟との対応で、自信をなくしていました。そんな彼女に追い討ちをかけたできごとが二つありました。

ひとつ目は、教務主任に「君は教師に向いていない」と言われたことです。その時のことを、山口さんはこう言っていました。

「ある日の飲み会で、〝たけし君〟のことを少しグチってしまったのです。その時に、ヘラヘラして話していたのが悪いのかもしれませんが、教務主任にこう言われ、本当にどつぼにはまってしまいました。」

これを聞いた教育実践研究会のメンバーは、

「それはいくらなんでもひどすぎる。」

「お酒の席だからといって、言って良いことと悪いことがある。」

「はじめから教師に向いている人なんていない。色々なできごとにアドバイスをしたりしてなんとかしていくのが教務主任の仕事なんじゃないか？」

などと口々に言っていました。

二つ目は、〝たけし君〟の前の担任が、「僕の時は出歩いてなかった」と面と向かって言ってきたことです。しかも、勝手に山口さんの授業中にやってきて、子どもたちに説教を始めたのだそうです。これも、先輩教師としてはやってはいけないことです。

こうしたできごとが重なって、六月の山口さんは本当に落ち込んでいました。メールのやり取りを通して感じていた私は、

「七月の教育実践研究会は、必ず参加すること。レポートも書いてくること。」

と厳命しました。このままいくと、山口さん自身が精神的にまいってしまうと判断してのことです。

4　「教師の涙で子どもが更に荒れる」ことの意味とは

たけし君は、こうも言っています。

「お前は、おれの気持ちがわかってない！　お前が泣いたからおれは傷ついたんだ！　前の先生は僕だけを見てくれた。お前は他の子と同じにしか見てくれない。」と。

この言葉を、どのようにとらえたら良いのでしょうか？　このことが、研究会で大きな問題になりました。普通なら、担任の女の先生が泣くという場面を目にしたら、オロオロしたり、困ったり、「先生、ごめんね！」と言ったりするのが普通の反応です。それなのに、「傷ついた」と怒り出しているのです。実は、ここに〝たけし君〟をひもとくカギが隠されていたのです。私は山口さんとサークルのみんなに、

「たけし君にとって、女の人の涙っていうと、誰の涙を考えるのだろう？」

と問いかけました。

「お母さんかなー？」

「そうだよね。たぶん、僕もそうだと思うよ。つまり、小さい時からお母さんが『たけし、あんたはどうしてそんなことするの！』とか『あんたは、どうして私の言うことを聞かないの。そんなに悪い子は、私の子じゃありません』などと、涙を流しながら話してきたんだと思うよ。だから、『〝涙を流す〟＝自分が否定される』という形で、たけし君の中に刷り込まれているんだと思うよ。だから、山口さんが泣いたのを見て、『あー、こいつも僕のことを否定的に見ているんだな』と感じたんだと思うよ。こういう子は鋭いから、そのくらいのことは考えるように思うな。どう？」

「そういえば、お母さんも泣いてたけし君を叱ることが多いようです。」

「そうだよね。だから、泣いたことは悪いことではないんだ。大切なのは、たけし君のことを考えて泣いたんだよということを、しっかりと話して聞かせることだったんだよ。それがあると、きっとわかってくれたはずだよ。」

山口さんも、教育実践研究会の仲間もうなずいていました。そして、山口さんのプールの対応が良かったことなどを確認して、このレポートの検討は終わりました。

後日、山口さんから、

「本当に落ち込んでいたけど、研究会に行って救われました。増田先生やみんなが、『それはひどいよ！』と、私のためにー緒に怒ってくれたことが、たまらなくうれしかったです。先が見えてきたし、子どもの見方がわかってきたように思います。子どもの行動の裏にある家庭のことまで見通せることが、大切なことなのですね。よくわかりました。」

とのメールが届きました。
新任教師は、本当に色々なことで悩むし、ささいなことで苦しむのです。そんな支えになってあげることも大切なことなのだと思うのです。ここで、山口さんが書いてきてくれた詩を紹介したいと思います。

私の学び場

山口理恵

子どもたちになめられてはいけない
教師なのだから
うまく教えなくてはいけない
そんな焦りと不安から
どこか偽った自分がいた

今日の授業がうまくいったかもわからず
ただ一時間・一日をこなすので
精一杯な日々
気づけば一学期が終わり
どれだけのことを
子どもたちにしてあげられたのかと
反省する

しかし何もわからず
たいしたことも教えられないわたしを
「先生」といって
慕ってくれる子どもたちがいる

少しでもうまく授業をしたい
いい学級にしたい
いい子に育ってほしい

先輩の授業を見て本を読んで、
話を聞いて勉強してみる
でもやっぱり一番深い学びができるのは、
子どもたちと実際に向き合ってみること

失敗して、後悔して、
うまくいって、うれしくなって、
一歩ずつぶつかってみなければ
自分の力にはならない
何も持たずに
子どもたちにぶつかっていくのは

少し怖いけれど
子どもたちはそんな私を
温かく迎え入れてくれた

私はいま子どもたちに支えられ、
学んでいる

たけしくんとの日々

山口理恵

「なんでちゃんとやらないの！」

「うるせーばばあ」

そんなことばのやり取りをくりかえした日々。

蹴られたり、かみつかれたりして
毎日たたかっていた日々。


「この子がクラスにいなかったらな……」

と思ってしまったこともある。

「なんで私にこの子を持たせたの？」

とまわりを恨んだこともある。


自信を失いそうにもなった。

「きっとたけしくんにもいい部分がたくさんある」
「ここで私があきらめてしまったら傷つくだろうな」
そう思うことで
なんとか毎日気持ちを立て直してきた。

しかしそんな思いとはうらはらに
行動はなかなかうまくいかなかった。
少しのことで注意をしてしまう。

つい目で追ってしまう。
お互いにいらいらするだけで
反省と落胆をくりかえした。

でも「やだ」とか「うるせー」としか
言わなかったたけしくんの口から
少しずつ自分の思いや状況を
聞けるようになった。

配っても一度も答えを書かなかった漢字テスト。

配るのをやめようかと何度も思った。

でも最近初めて答えを書き、一〇点をとった。

私とたけしくんにとっての大きな変化だった。

だんだんとたけしくんの思いやサインを
受け取れるようになってきて
いつの間にか私は
たけしくんが大好きになっていた。

この詩を読むと、教師であったなら誰もが経験する思いが赤裸々に綴られているように思います。罵詈雑言を浴びせるたけし君に悩み苦しんだ山口さん。教務主任に、

「教師、向いてないんじゃないか？」

とさえ言われた山口さん。そんな中で、

「教師をやめようか？」

とさえ思った山口さん。そうした状況から、一歩も二歩も前進した山口さんのリンと立っている姿が表現された優れた詩だと、読んだ瞬間思いました。読んでいる私まで、うれしくなってしまいました。若い教師の成長というもののすごさを、またひとつ見ることができたような気がしました。

考えてみると、私はこんな瞬間に立ち会えるのがうれしくて、この教育実践研究会をしているのかもしれません。

若い先生は、いっぱい失敗します。もちろん、ベテランだって失敗します。それで良いのです。子どもとの関係がうまくいかなくて悩むことも数多いことでしょう。それもまた、自分の子どもへの見方を深めてくれる力になるのです。今は苦しいかもしれません。でも、そのことを笑って語れる日がくるだろうと信じて進んでいってください。

5　若い教師の居場所づくり

(1) 自信がなくてあたり前と考えよう

若い先生は、とかく「失敗がないようにしよう!」と考えてしまいがちです。もちろん、命に関わることについては、失敗は許されないでしょう。ですが、他のことについては、失敗してもいいのです。若い先生には、失敗する権利が保障されるべきだと思っています。

失敗することが許されないということは、若い教師に完璧を求められることになります。完璧を求められた教師は、当然子どもにも完璧を求めるようになるのではないでしょうか。

つい先日、私の大学の男子学生が研究室にやってきました。「相談がある」というのです。せっぱ詰まった顔で、「先生、将来のことを思うと不安で、夜も全然寝られないんです」と語り始めました。

「増田先生、僕は今度の四月から臨採教員をやってみたいし、次の教員採用試験に合格したいと思っています。でも、教師というのは、子どもに対して大きな影響を与える存在だとも思うんです。そのことに対して、大丈夫なのかなと不安になってきます。そんな不安を抱えている僕みたいなのが、教師をやっても良いのでしょうか。」

私はこの話を聞いて、正直うれしくなりました。なぜなら、教育という仕事は、たえず「これでいいのだろうか?」と自分に問いかける作業だと思っているからです。私は、

「そう思うのは、とても大切なことだと思うよ。じゃあ、君は現役の先生方がみんな自信満々で仕事をしていると思う?」

とその学生に問いかけてみました。すると、

「そんなことはないとは思うのですが……。」

との答えがかえってきました。

私はそれに続けて、次のような話をしました。

「教育という仕事に完全はないんだ。だって、教師自身だって完全な存在じゃないでしょう。完全な存在になるということは、神様みたいになることでしょう。完全な存在になるということは、別の側面から見るともうそれ以上成長しないということでもあるよね。教育という仕事は、不完全な大人（教師）という存在が、不完全な子どもという存在を教えていく作業なんだ。だからこそ、教育にはどうしても不完全さがつきまとうし、それが教育という仕事の持っている宿命だとも言えるんだ。でも、不完全だからこそ成長していくことができるんだよ。子どもを教え導いていくということは、とても不安がつきまとうことだけど、とりあえず、臨採をやってみたら良いと思うよ。君がそんな気持ちを持って仕事を続けていくことは大切だけど、頭の中で考えているだけでは、結局堂々巡りになるだけだよ。とにかく行動を起こしてみなくては、わからないんじゃないかな。僕だって、『自分は教師に向いているのかな?』と、絶えず自問自答しながらやってきたよ。でも、自分の人生をかけるだけの価値のある仕事だと思うよ。」

彼は、研究室に入ってきた時とは変わって、イキイキとした顔つきになっていました。こうした迷いは、教員な

ら誰しもが思っていることなのです。自信などないのです。いや逆に、自信満々の若い教師がいたら、それこそ怖いことだと思うのです。教育という仕事は、自分の人生をかけるに値する仕事だと思うし、きっとそう実感できる時期が必ず来るはずだと私は思っています。

（2）子どもの発達異変にとまどう

いま、多くの若い教師たちが追い詰められています。その原因は、何でしょうか。それは現在、かつてない「教室の困難さ」が存在しているということだと思います。それはまさに、今日の子どもたちの「発達異変」とも呼ぶべき様相と言えるのではないでしょうか。

ちょっと怒っただけで、「先生に、おこられた～。」とわめきながら、廊下で椅子をガラガラ引きながらわめきちらす子どもの例が、私の教育実践研究会で報告されました。しかも、学校中の廊下でやられるのです。これだけで、教師は精神的にまいってしまいます。学校に入学しても、教室での秩序が理解できず、「ブランコの順番」という概念すらない子どもや、暴力をすぐにふるう子ども、ものすごく自己中心的でわがままな子どもなどが激増しています。

そこには、一人の教師ではどうにもならない、現代日本の子どもが育つ条件の深い危機が存在しているのです。「現代の貧困」の中で幼少期に必要な愛情を得られず、年齢に応じた発達保障がされていない不幸は、子どもの罪ではないのではないでしょうか。

若い教師を叱責する校長や指導主事たちの年代が経験したことのない困難を背負い、時代の「負債」を引き受けて現代の若い教師は教壇に立っているのです。そのことを理解した上で若い教師たちを指導していかなければ、すぐに辞職したり、精神的な疾患を煩ってしまうに違いありません。「今の若い教師は我慢が足りない」と言われますが、そんな問題ではないのです。また、大学の教員養成の問題も指摘されていますが、そうした問題でもないように思うのです。

現代の子どもの姿をしっかりと見つめ、「あるべき姿」から出発するのではなく、「今ある姿」から出発し、指導を組み立てていくという、教育に対しての考え方そのものを変えていく必要があるのです。そのためにも、臨床教育学という学問を、管理職や指導主事、全ての教員に学んでほしいと思っています。そのことが、きっと子どもへのとらえ方を深くするはずだし、若い教師と子どもたちの幸せをつくり出すことにもつながるのではないでしょうか。

（3）仕事に余裕を取り戻すための工夫

教育という仕事を楽しめるようになるためには、やはり年月が必要だとは思います。ある程度経験を積めば、教育という仕事の可能性と限界が見えてくるからです。しかし、そうは言っても若い先生方にとっては、「今、どうするのか？」というのが一番の問題だと思うのです。そこで、仕事に余裕を取り戻すためのちょっとした工夫を四点伝えたいと思います。

まず第一に、「若いのだから、わからないことはどんどん先輩に聞く」ということです。職場が忙しくなり、なかなか職場の先輩に相談にのってもらうことができないかもしれません。しかし、その忙しい先輩であっても、必ずどこかで息をつく瞬間があるはずです。そんな時に、サラッと聞いてみることです。同じような悩みを必ず経験しているはずです。何かしら自分の心が楽になるアドバイスをもらえるはずです。

第二に、「この部分は頑張れるけど、こっちの部分は軽くやっていこう」という形で、仕事の軽重をつけるようにするということです。全ての仕事を完璧にこなそうとすれば、必ず無理が生じます。年配の教師であっても、全ての仕事を完璧にできることなど無理なのです。まして、若い教師なら尚更です。自分の経験上からも、実は、経験を積んだ先生はうまく仕事の軽重をつけてつじつまを合わせているのです。しかし、経験の長い先生が「仕事の軽重をつけている」とは言えません。そのため、黙っているので、若い先生にそのことが伝わっていないだけなのです。私は職場の若い先生に、「この仕事は学年でやっていこうよ。ちょっと分担した方が良いよ」と声をかけ、学年の先生方や職場の先生方の仕事の負担が軽くなるように工夫していました。ですから、仕事の軽重がわからなかったら、「どの仕事を重点的にやったら良いですか?」と聞けば良いのです。そうして余った時間を、子どもと遊ぶ時間にあてるのが大切です。子どもたちにとって、若い先生の魅力は、なんといっても一緒に遊んでくれることなのです。子どもにとっては、身体をぶつけ合い、感覚でわかり合えることが多いのです。経験の不足を、一緒に遊ぶことで補うようにしていくというのも、一つの方法です。

第三に、「もらえるプリントはもらう」ということです。例えば、三年生の担任をしたとすると、前年度に三年生の担当をした先生方を回って、使ったプリントを全部もらうと良いと思います。できたら、データとしてもらうと一番ベストです。なぜなら、そのデータをもとに自分なりにそのプリントを作り変えることができるからです。プリントを一から作っていくのは、意外と大変です。そうした形で省エネをはかっていくと良いのではないでしょうか。私の職場では、大きめの引き出し付きの書類入れを設置しました。七段の棚があり、一年から六年までと担任外の棚を作り、それぞれ一年間使ったプリントを全てその棚に入れることにしました。一年間経つと、かなりのプリントがたまります。そして、次の年度で三年生を担任した人は、その三年生の棚を引き出しから抜いて、学年の全員で使うプリントと使わないプリントを分けるのです。使えるプリントはもちろん使います。そして、またその年の新しいプリントを棚に入れていくのです。その結果、数年経つと役立つプリントがかなりたまるようになります。

第四に、「先輩の先生に模範授業をしてもらう」ということです。しかも、自分のクラスで実施してもらうのがポイントです。誰がどんな発言や反応をするのか、どんな発問をすると子どもの思考が動くのかなどが、客観的に見えるようになるからです。しょっちゅうはやってもらえないかもしれませんが、一ヶ月に一回ぐらいならやってもらえるはずです。とても勉強になるはずです。もちろん、自分の授業を見てもらうことも良いと思います。

6　出会った若い教師の悩みと解決方法

（1）陥りがちな教師の悩みと解決方法

若い教師がまず陥る悩みは、なんといっても、「子どもをどのように叱るか？」ということです。この「叱る」という行為は、さじかげんが難しく、「怒って嫌われたり、子どもの心が離れていってしまうのではないか？」と思ってしまうことが多いのではないでしょうか。子どもは、悪いとわからずにやってしまうことがありますし、やったあとに悪いことをしたと気付くこともあります。そんな時に、優しく接することが良いのではないのです。子どもは、「悪いことをした時には怒ってほしいし、叱ってほしい」と思っているのです。しょっちゅう怒っていると、子どもたちは「自分たちのことを先生は嫌いなんだな」と思ってしまいます。ここがポイントだと思う時には、しっかりと「叱る」べきです。最初は「怒り」であっても良いのです。その後に、なぜ怒ったのかをしっかりと説明することが大事なポイントです。そうすれば、子どもは担任を嫌ったりすることはありません。

私は、学級を担任した時に、私が思いっきり怒ったり叱ったりする時は、次のような時だと伝えるようにしています。それは、次の五点です。

①「命に関わることについては、ものすごく怒りますし、叱りつけます。覚悟しておいて下さい」としっかりと

伝える。

②失敗は誰でもします。ですから、間違ってやってしまった失敗は許します。でも、わざとした失敗やわざと人にイヤな思いをさせることは許しません。

③いじめは、絶対許しません。いじめられる方に問題があるという考え方は、基本的に間違っていると思っています。いじめがあったら、なくなるまで徹底的に話し合います。

④わからなかったら、「わからない」と言って下さい。わかるまで教えてもらう権利が君たちにはあります。わからないからといって、投げやりになったり、人の勉強の邪魔をすることは許しません。そんな時は、遠慮なく怒ったり、叱ったりします。君たちは、わからないから、できないから学校に来るのです。わからないことは、決して恥ずかしいことではありません。わかるまで、何度でも何度でも教えてあげます。そのかわり、自分でも努力して下さい。

⑤そうじや係活動などは、しっかりとやって下さい。そうした仕事をしっかりやらないということは、それを使う権利がなくなることです。例えば、そうじをしなかったら、そうじをした所を使う権利がなくなることになります。

このように、前もって教師が「叱る」基準を明確にしておくことが大事です。あとのことは、子どもたちと徐々に約束ごととしてつくっていけば良いのです。教師として、「これは許さないぞ！」という明確な説明をすることが、逆に子どもたちの心を開放させ、安心した学級をつくることにつながるのです。

（2）物を隠すことに対して

小学校教師になって五年目の平井さんが、教育実践研究会で次のようなレポートを書いてきました。

ある時、教育実践研究会でクラスの児童について相談をした。だいきくんは、普段から言葉使いが悪く、学習に対する集中力もなく、友達に対していつも何かしらちょっかいを出している。

ある日、女の子の消しゴムがなくなった。周りの子が「だいきくんが触っていたのを見たよ。」と教えてくれ、だいきくんに「消しゴム見なかった?」と聞いてみた。しかし、だいきくんは、「ううん、知らないよ。」と言った。なんとなく、その場をうろうろしているだいきくんの様子にピンときた私は、「先生と一緒に消しゴムを探してくれる。」と言って、だいきくんに消しゴムを探させた。

すると、うろうろしているだいきくんの足もとに、その消しゴムが落ちていた。だいきくんは、「あったよ。」とは言わず、その周りをうろうろしているだけであった。その後、だいきくんと二人きりで話をしたが、だいきくんは自分がやったとは認めなかった。だいきくんは、このようなことを何度か繰り返した。友達の物をそっと取っては、自分の物のように平気で使っていたり、隠したりした。しかし、現場をみない限り決して自分がやったことは認めなかった。


この相談について、私はまず「子どもの思いに寄り添わなくては、だいき君とつながることはできないのではないか?」と考えました。よく「子どもに寄り添う」という言葉が使われます。概念としてはわかるのですが、それを具体化することについてわからないために、言葉だけが独り歩きしているように思えたので、私は次のような四点の具体的な方法をアドバイスしました。

①だいきくんと話をする時に、「君が犯人ということを見つけたいんじゃないよ。君がなぜそういうことをやったのかを知りたいんだ」と言う。
②次に、先生と二人だけの内緒のノートを作り、彼がどんなにさみしい思いをしているのかを聞くようにする。
③クラスのみんなも「だいきくんがやった」というのは、なんとなく気づいているだろうから、ノートに書いた

文章をクラスの前で読んであげ、みんなに認めてもらう。

④だいきくんはさみしい思いをいっぱい抱えているから、つらい気持ちを共感してあげる。たくさん甘えさせてあげるといい。

この教育実践研究会後、平田さんはこう書いてきました。

アドバイスをいただいて私は反省をした。最近、ある程度の指導力や自信がついてきて、授業をもっと工夫したい、規律ある学級を作りたいという気持ちが大きくなってきた。すると、一人ひとりの子どもを丁寧に見つめよう、子どもの考えていることをくみ取ってあげようという気持ちが薄れていた。子どもの抱えているさみしさや一生懸命さ、必死に甘えようとしていたり、我慢していたりするけなげさを改めて知った。だんだんと「教師」という殻をかぶり、子どもたちの小さな心の中をしっかり見ようとしていなかった自分に気がついた。

勉強会に通い、自分の考えや指導の仕方を自分の姿を見ていない人たちに報告することによって、客観的に自分を見つめ直すことができる。なかなか同じ職場の先生からは、児童も自分の姿も見えすぎていて、同情的になってしまうところがあるが、ここでは言葉によってしか子どもの姿も自分の姿も伝わらない。だからこそ、思いもよらないアドバイスをいただけたり、本当の子どもの考えを見つけてもらったりできるのであろう。

少しずつマンネリ化してしまったり、効率を求めたりしてしまうのは、当たり前のことではあるが、そんな自分を客観視し、もっと指導力を向上させるために学び続ける場を大切にしていきたいと思う。

五年ほどもすると、少しずつ慣れてきて、なんとか子どもをそれなりに動かすことができるようになります。しかし、その反面、子どもを集団として見てしまい、個として見ないようになってしまうことがあります。私たちは、あくまでも個人を大切にすることを見失ってはいけないのです。子どもは、それぞれどの子も、何かしらの生活の重荷を背負って学校にやってきます。その重荷をいくらかでも軽くしてあげるのが、教育という仕事です。悪いことをする場合には、往々にして生活背景が存在していることが多いのです。そうした子どもの生活もまるごと見て、共に考え、共に悩み、共に成長できるところが、教師の醍醐味なのです。

第1章
親・子ども・教師がつながる学級づくり

音読

田中優花（六年）

今日音読をしていたら、
郁也君が、
「しっとり」を
「しりっと」と
読みました。
みんな大笑いしました。
でも一番笑っていたのは、
先生のような気がする。
先生は、
「オレのツボにハマったぞー！」
と大声で言ってから、
ずっと笑っていた。
先生も面白かった。

1　「ユーモア詩」で子どもの居場所づくり

私が六年生を担任した時に、クラスがうまくまとまらなくて困ったことがありました。そして、子どもの心が見えなくなっていることに気が付いたのです。どうして良いかわからなかった私は、子どもたちが何を思い、何を考え、何をおもしろいと感じているのかを、子どもたち自身に表現してもらうことにしたのです。その時に私は、「何を書いても良いよ！　学級通信に載せてあげるよ」と言ったのです。その時に、ある男の子が次のような「おなら」という詩を書いてきたのです。

おなら

国広伸正（四年）

だれだっておならは出る。
大きい音のおならを出す人もいれば
小さい音のおならを出す人もいる。
なぜ、音の大きさが違うのだろう。
きっとおしりの穴の大きさが違うんだ。

私は最初これを見た時、「つまんないこと書いて」と思いましたが、四年生の子どもたちは、この詩ひとつで一五分間も笑ったのです。その時私は、「ああっ、大人である私は、子どもから感覚が遠くなっている。子どもがおもしろいとかおかしいと思う感覚から、ずれてきているんだな」ということに気付いたのです。その時以来、私は子どもの感覚に近付く努力を続けるようにしました。その結果生まれたのが、「ユーモア詩」でした。

さて、私が四年生で担任したクラスに啓太という男の子がいました。啓太は、本当におもしろい詩を書いてくる子でした。例えば、こんな詩を書いてきました。

音

山口啓太（四年）

ぼくがイチゴに牛乳をかけて、
砂糖を入れて食べると、
ガラスのちゃわんにスプーンがこすれて、
ギ～ギ～ギ～ギ～音がなりました。

ぼくにはこの音が、
心臓にひびくいや～な音です。

ぼくが、

「うわー、鳥はだたつー。」

と言ったら母ちゃんが、

「どれ、どれ?」

そう言ってコップをキ～キ～ならしました。

ぼくは、

「まだ、まだ～。」

と言ってしまいました。

母ちゃんはニヤッと笑って、
もっとならしました。

ぼくはその時、

「アンパンマ～ン。」

とさけびたくなりました。


また、啓太には芳雄という自閉症の弟がいました。啓太は、自閉症の弟のこともよく書いてきました。

よしの合宿

山口啓太（四年）

今日は、
弟のよしが合宿でいない。
家に帰るとシ～ンとしている。
よしがいないといやだな。
ぼくがちらかしてるのが
ばれちゃうし……。
本を出すのも
ぼくだってばれちゃう。
でもごはんは、
よしの分まで食べられる。

最初、啓太は弟の芳雄が同じ小学校に入ってくるのがイヤでした。「自分の弟の障害のことがみんなにわかってしまう」という理由でした。しかし、弟が私のクラスに突如入ってきても、クラスのみんなが温かく受け入れるのを見て、啓太は安心し、どんどん弟のことを書くようになっていきました。

クラスの子どもたちは、「啓太っておもしろい！」と受け止めていました。しかし、ある時、「お母さん、僕、弟の三人で夜中に自動車で町をグルグル回った」という詩が出てきました。驚いた私は、啓太に事情を聞いてみたのです。すると、「お父さんとお母さんが毎日のようにケンカをしているうちに、家を飛び出してしまったこと」「離婚するようになるかもしれないこと」「子どもをどちらが引き取るかの話し合いをしていたこと」などを、涙を流しながら語ってくれました。そうしたトラブルは、ほとんど毎日のようにあったそうなのです。

それなのに、啓太は毎日みんなが大笑いするような詩を書いてきたのです。私は、啓太に聞いてみました。
「本当なら、毎日すごくつらかったのに、どうして大笑いするような詩を書いてきたの？」
すると、啓太は、

「みんながぼくの詩で大笑いしてくれる瞬間が大好きなんだ。その時には、家のことを忘れることができるの」と言ったのです。

啓太は、つらい日々の中にありながらも、「ユーモア詩」で自分の居場所をつくり出していったのです。「笑い合う瞬間」は癒しの効果をもたらします。その癒しが、彼にとっての大きな救いだったのかもしれません。

2　人間のグレーゾーンを考える

私は今思うと、子どもたちと共に人間の持つ「グレーゾーン」を探していたのかもしれません。授業で「長崎佐世保小六殺害事件」を三年生の子どもたちと共に考え合ったことがありました。その授業では、「なぜこのくらいのことで、人を殺してしまうのだろう?」ということが話題の中心になったのです。その時私は「バーカ!!」という文字を大きく書いた画用紙を見せて、「どう思う?　どう感じる?」と聞いてみました。すると、「すごくイヤだ!」「ダメだと言われているみたい」という意見と同時に、「落ち込んでいる時に、『バーカ!　そんなの気にするなよ!』と言われて、すごく気が楽になったことがある。そんな時の言葉は、いい意味で使われていると思う。」という意見が出てきました。つまり同じ言葉であっても、その時の場面や状況によって、プラスになったりマイナスになったりするのです。

私たちは、ある言葉を浴びせられた時、「プラスかマイナスか?」という二者択一で考えがちですが、実生活における言葉というのは、どちらともとれる「グレーゾーン」的に使われていることが多いのではないでしょうか。私たちが人間関係を円滑に進めていくためには、その「グレーゾーン」の時にどのような対応をしたら良いかをとっさに判断できる力を身に付けていくことなのです。それと同様に、ある行動や行為を見た時に、見る者によってはプラスにもマイナスにも見えるのです。そうした意味で、「ユーモア詩」というのは、人間の「グレーゾーン」を切り取り、とらえ直させるきっかけともなっていたし、「グレーゾーン」における対応を訓練する場になっていたように思うのです。

また、星槎教育研究所が作成し、日本標準から発行されているソーシャルスキルトレーニング（SST）のプリントをもとに、グレーゾーンを考えさせる新たなプリントを作成しました。二枚だけ紹介したいと思います。（図1、図2）

3　表現能力をつけていくことの大切さ——純という男の子の例から

純がいたクラスを私が担任したのは、六年生の一年間でした。担任した当初、純は自分のことをあきらめていたし、気持ちがかなりすさんでいました。また、暴力や不良っぽい服装や仕草などにあこがれてもいました。開襟シャツを着て、胸にはシルバーのネックレスをしていました。ボンタンをはき、頭はオールバックでそりを入れていました。しかも、眉毛がほとんどない（剃っている）状態でした。

始業式の日、私が、

「これから一緒に頑張りましょう。一年間よろしく！」

と挨拶をしました。すると、純は体を横に向け、

「そんなカッタルイこと、やってられっかよ！」

とすごんで見せたのです。


学力はと言えば、六年生なのに九九は五の段までしか覚えていないし、ひらがなやカタカナもあやふやでした。

ことばとこころプリント　（U－SSTステップ4－②　その後プリント）

1 「うれしい気持ち」「悲しい・くやしい気持ち」の理由を考えましょう！

うれしくなるときのことばには、どんな言葉がありますか？

悲しくなる・くやしくなるときの言葉には、どんなことばがありますか？

なぜ「うれしい」気持ちになったのでしょうか？　自分のこころとお話しして、理由を考えてみましょう。

なぜ「悲しい・くやしい」気持ちになったのでしょうか？　自分のこころとお話しして、理由を考えてみましょう。

2 【ことばのグレーゾーン】場面によって変わる言葉について考えましょう！

「だいじょうぶ」って言われたよ、でも……

うれしい気持ちになったときがあったよ

悲しい・くやしい気持ちになったときがあったよ

【まとめ】

・同じことばでもちがう気持ちになる言葉を見つけましょう。

・プリントをやって、何がわかったのかを自分の言葉でまとめましょう。

図1　言葉の意味を考える

出所：星槎教育研究所『ソーシャルスキルトレーニング（ＳＳＴ）』日本標準、2009年より作成。

【ステップアップ】（詩をつくってみましょう）

1 「だいじょうぶ」と言われてうれしい気持ちになったときのことをくわしく書きましょう。

①どんな場面かわかるように説明します。

②どんな気持ちになったのか説明します。

2 「だいじょうぶ」と言われて悲しい・悔しい気持ちになったときのことをくわしく書きましょう。

①どんな場面かわかるように説明します。

②どんな気持ちになったのか説明します。

3 詩を味わいましょう。

4 自分の詩をつくりましょう。

題名

名前

図2 自分の気持ちをみつめて詩をつくる

出所：星槎教育研究所『ソーシャルスキルトレーニング（ＳＳＴ）』日本標準、2009年より作成。

計算では、繰り上がりの足し算や繰り下がりの引き算になるともうお手上げ状態でした。ですから、クラスの子どもは純のことを「低能児だ」「バカだ」「智恵遅れだ」などと言っていました。しかし、そんな言葉を聞こうものなら、相手に殴りかかるのです。しかも、馬乗りになって相手の口から血が出てもやめないというほどでした。クラスの子どもは、「純をかまうと、キレるから大変だ。かまわない方がいい！」という雰囲気でした。

純のそうしたすさんだ状況の理由がはっきりしたのは、五月の家庭訪問でした。純の家は、父子家庭でした。お父さんとお母さんが離婚したからです。家庭訪問で、純のお父さんは、

「実は、私は癌におかされています。ですから、病院通いの毎日です。生活が苦しいだけでなく、いつ死ぬかわかりません。もう末期だそうです。」

との衝撃的な事実を語ってくれました。私は、そうした「生活苦」と「お父さんがいつ死ぬかわからない不安」とで純が荒れていることを知ったのでした。

私は、お父さんの許可を得て、クラスの子どもたちに純の様子を、噛んで含めるように説明しました。すると、六年生の子どもたちはわかってくれ、

「それじゃあ、勉強ができなくても仕方がないよね！」

と受け止めてくれたのです。そして、その時から、プロジェクトXならぬプロジェクトJが始まったのです。みんなで純をなんとかしようということで、月曜日は漢字、火曜日は足し算と引き算、水曜日は九九……という具合に、一週間の予定を立て、クラスの五～六人の子どもが純を昼休みや放課後教えるということになったのです。

最初、純はこんな詩を書いていました。

ぼくのこと

神谷　純（六年）

ぼくはけいさんができません。
かんじも書けません。
べんきょうができるようになりたいけど、
どうせやったってだめだと思う。

投げやりでした。しかし、クラスで、漢字や基礎計算に取り組む中で、純は少しずつ自分に自信を持っていったのです。そして、なかなか文や詩が書けなかった純が、六月に発行したはじめての詩集「今一番心に思っていること」の中では、こんな詩を書いてくれました。

今心に思っていること

神谷　純（六年）

ぼくは
自分でも少しずつ
勉強ができるようになってきたと思う。
なんだかやればできそうだ！

しかし、順調に見えた純の成長に、ひとつの転機が訪れます。お父さんの体調が、すごく悪くなってしまったのです。その時の純は、こんな詩を書いています。

父さん

神谷　純（六年）

体の弱い父さんは白血球が三千位しかない。
その父さんが四年生の夏休みに
北海道につれていってくれた。
とても楽しかったけど
ぼくは心配だった。
山を登っているとき
父さんの息が、ハァハァ苦しそうだった。
いつ倒れるのかと、
旅行中ずっと心配だった。
無事に帰ってこられてとてもうれしかった。
大好きな父さんと行けた旅行は
もちろん楽しかった。

少しずつ自信を回復していき、基礎学力がついていくに従い、純は自分の心のうちを詩に綴るようになっていきました。この詩ののち、純のお父さんは病院に入院してしまいます。一人ぼっちになってしまった純は、近くに住んでいたお母さんと住むことになりました。そして、純はお母さんのためにがんばりを見せるようになりました。そして、いつもだったら二〇点か三〇点しか取れないのに、国語のテストではじめて一〇〇点を取ったのです。そのときの喜びを、純はこんな詩にしてきました。

百点のテスト

神谷　純（六年）

今日家に帰って、
お母さんといろいろな話をしました。
そのときに、
百点の国語のテストを見せたら
お母さんが
「すご～い、やったじゃんよ～」
と言いました。
すっご～く楽しかったです。

百点を取り、それを喜んでくれるお母さんの存在。それが、純の大きな支えになっていきました。しかしお母さんは、生活のために朝・昼・晩と三つもパートを持たなければ生活していけない状況に追いやられていきます。せっかく大好きな純と一緒に住めたのに、純との時間が取れないという矛盾の中に追いやられてしまうのです。せっかくお母さんと一緒に住めたにもかかわらず、お母さんとなかなか一緒の時間がとれない純は、今度はその切なさやさみしさをこんな詩に綴るようになっていきました。

ごはん

神谷　純（六年）

お母さんはいつもおそいから
ごはんは自分で作る。
あんまりえいようはとっていない。
あ～あ　はやく帰ってこないかなと
むだだが　まちぼうけている。
空手がある日は帰ってきたら
母さんがいて
「ごはん作ってあるよ。」と言う。

こんなことのくりかえし。
あー、はやく帰ってこ～い。
――
そのときはうれしい。
うれしいが次の日は悲しい。

この詩を読んで、私は涙がとまりませんでした。さびしさをかかえながらも、必死で耐えている純のいじらしさが、なんとも言えず胸を打ったからです。こうした詩が生まれるたびに、私は学級通信で子どもたちに紹介しました。次々と詩を綴っていくうちに、純はどんどん落ち着いていきました。変わっていったのは、純だけではありません。純のことを「バカだ！」「低能児だ！」「智恵遅れだ！」と言っていたクラスの子どもたちをも変えて行きました。

お母さんとの生活が落ち着いたころ、とうとうお父さんが癌のため、亡くなってしまいました。私は、お葬式で泣いている純の肩をそっと抱きしめてやることしかできませんでした。

お父さんの死後、しばらくして、今度はお母さんから「話がある」との連絡が私に入りました。会いにいった私にお母さんは、

「実は調子が悪かったので、病院に行ったのです。そしたら、私も純の父親と同じように末期癌だそうです。先生、どうしたら良いでしょう。私が死んだら、純のこと、よろしくお願いします。たぶん、親戚の人にあずけられると思いますが、それまでのこと、お願いしますね。」

と、涙ながらに語ってくれました。正直、どうしたら良いかわからなくなってしまいました。お母さんは、純に心配をかけたくなかったので、病気のことは純には黙っていました。しかし、うすうす純は知っていたようでした。

だから、しばらくして、純はこんな詩を書いてきたのです。

泣いていた

神谷　純（六年）

お母さんが帰ってきたのは一一時だった。
ぼくは、お母さんが帰ってくるまで
待っていた。
お母さんといっしょにごはんを食べた。
おじやだったのでおじやの話をした。
そうしたらお母さんが、
「昔はよく食べたんだよ」と言ったので
ぼくが
「お母さんが小さい時、はじめて食べて
　おいしいと思ったものは?」と聞くと
お母さんは
「ケー……キかな」と言った。
そのあともいろいろはなしてくれた。
最後に
「お父さんがケーキを買ってきてくれたんだよ」
と泣きながら言った。
なぜ泣いたかはぼくにはわからなかった。
どんな理由で泣いたとしても
ぼくは、なぜ泣いたかを聞かなかった。
ぼくはだまって下を向いて
おじやを食べた。

やはり純は、うすうすお母さんの病状を知っていたようでした。しかし、彼は何も言わずに「だまって下を向いておじやを食べる」のです。なんと重い行為なのでしょう。純が卒業してしばらくして、お母さんが死んでしまい、純は遠くのおじさんの家に引き取られます。純のおじさんは、

「お前は、高校には行く必要がない。さっさと働け！」

と言って、家から出してしまいます。

その後、私は朝霞駅で純に会いました。左官屋の見習いをしている、とのことでした。元気そうに「先生、オレもいろいろあったけどなんとかやってるよ。元気でやってるから、心配しなくていいよ！」と声をかけてくれた時、私の胸はいっぱいになってしまいました。

確かに、子どもの頭脳や体力は大人より劣っている面もあるかもしれません。しかし、子どもの魂は、測ることのできない偉大さを持っているのではないかと思わせてくれたできごとでした。私が教師として少しは胸をはれるようになったのも、こうした子どもたちのおかげだと思えて仕方がありません。

本当は、純は自分の苦しさをわかってほしかったのですが、残念ながら伝えるだけの表現能力や学力がなかったのです。だから、純は荒れたのです。しかし、純は表現能力や学力を身に付けていくに従い、自分の心のうちを綴ってくるようになりました。表現能力や学力は、テストのためではなく、自分の思いを人に伝えたりわかってもらったりするために必要なのではないでしょうか。「学力はなんのために必要なのか？」という問いを、改めて考え直す必要があるのではないでしょうか。

4　困った子は困っている子――裕太の事例から学ぶ

三年生の時に担任した裕太（仮名）は、二年生の三学期いっぱい不登校でした。二年生の九月ぐらいから、学級の中でトラブルを起こしたからです。クラスの中で、人の物をとって隠してしまいます。また、隠すだけでなく、人の持ち物にいたずら書きまでしてしまうのです。大変だったのは、人がもらった賞状にいたずら書きをしてしまうということでした。せっかくもらった大事な賞状にいたずら書きをされた子どもは、どの子も例外なく泣きべそをかいていました。

しかし、裕太は人の物だけではなく、自分の持ち物にもいたずら書きをしていました。「パパ死ね、ママ死ね」というういたずら書きをしていたのです。そんなことが、週に二〜三回ほども続く中で、他の子どもたちから批判されます。もちろん、他の親からも批判の声があがりました。それどころか、「どんな躾をしているのか。こんなことを繰り返す子どもは、学校に来るべきではない！」といった内容の匿名の手紙まで届くようになったのです。

二年生の担任は、ご両親・校長・教頭などと一緒に、何度も話し合いを重ねましたが、そうした行為がなかなかなくなりませんでした。そのため、自分が学校に行くと迷惑がかかってしまうとの思いから、裕太は学校に行けなくなってしまったのです。いや、行かなくなったと言った方が正確かもしれませんし、自ら学校へ行かないことを選択したとも言えるのではないでしょうか。

そんな裕太を三年生で担任することになりました。裕太が六月に綴ってきたのが、次の詩です。

人の物をとらなくなった

安川裕太（三年）

ぼくは二年生の時に、
人の物をとっていました。
うわばき袋や漢字ノート、
鉛筆などです。
みんなは、
「ない、ない」
と言っていました。

それに自分の連絡帳や通学ぼうに
自分で落書きをしていました。
「パパ、ママ、死ね!」
と書きました。
別に死んでほしいなんて
本当に思っていなかったのに、
書いてしまいました。

でも三年生の新しいぼくは、
人の物をとらなくなりました。
そんな今のぼくは、

美しくてかっこいいです。
三年生のこれからも
人のものはとりません！

裕太は、三年生の四月は半分近く休んでいました。家にいたり、教育相談室に行ったりしていたのです。四月が終わりかけようとしている時、私は裕太とじっくり時間をとって話をすることにしました。

「裕太、二年生の時にどうして学校に来れなくなったの？」

「人の物をとってしまうし、みんなからも『どうしてそんなことをやるんだ！』ということを言われたから……。僕が学校に行くとみんなやお父さん・お母さんに迷惑がかかってしまうから……。」

「そうなんだ。その気持ちはよくわかるな。でも、三年生になって人の物をとらなくなっているじゃないか。それはどうして？」

「だって、また人の物をとるようになったら、みんなに迷惑をかけてしまうと思うから、とらないように努力しているんだ。」

「それは偉いな。じゃあ、そんなふうに三年生では人の物をとらなくなっているのに、どうしてまだ学校に来られないの？」

「また、人の物をとってしまうかもしれないから……。それが不安なの。」

「そうか、その気持ちもわかるな～。」

こうした会話をした後、私は勝負をかけてみたのです。裕太の周りには、匿名の手紙を書く大人がいるほど悪意に満ちていると言って良いのです。裕太にとって、大人は敵になってしまっているのです。だからこそ、この不安な気持ちをどこかで大人が切ってあげなければ、そのまま不登校が続く可能性があると判断してのことでした。私は一息入れたあと、力を込めて話をしました。

「人の物をとるというのは、学校の中のできごとでしょう。学校の中のできごとについては、先生が責任をとる。『学校に来てどうなるか?』なんていうのは、君が考えることじゃない。学校でのことは、基本的には先生が考えることだ。教師であるオレの仕事だ。君の仕事じゃない。だから、そんなことは考えずに君は学校に来れば良いんだよ。もしまた人の物をとったとするなら、その時にまた一緒に考えれば良いじゃないか。そうだろ!」

この言葉を聞いた裕太は、この時から休まずに学校に来るようになりました。学校に来るようになって一ヶ月ほどして書いてもらったのが、この「人の物をとらなくなった」という詩です。この詩を、親の許可を得た上で学級通信に載せ、みんなに読んでもらいました。学級のみんなに裕太の変化を知ってほしいのと同時に、学級の親たちにも裕太の変化と成長を知ってもらいたかったからです。

もちろん、私の一言で学校に来るようになったとまで言うほど、私もおこがましくありません。今まで休んでいた裕太自身が、自分を変えていきたいと思い続けてきたことやご両親の努力が大きいと思うのです。しかし、私のかけた一言が裕太の背中を少しは押したのではないかと思っています。

裕太のお母さんは、二年生の最後の方でかわいい女の子を出産しました。きっと、裕太は生まれてくる子が自分のお母さんをとっていってしまうという不安があったのかもしれません。それが、裕太の「人の物をとる」という行為につながっていたのだろうと思えるのです。しかし、生まれてきた妹がとても裕太になついたのです。それが、また裕太の心の安定をつくり出していきました。そして、次のような詩を綴ってきたのです。

よーちゃんとぼく

安川裕太（三年）

妹のよしこちゃんに
「よーちゃん、遊ぶ?」
と言うと
よーちゃんは首をふります。
「うん」といったり、
いやな時はイヤイヤをします。
だっこをして
家のろうかを歩いて
ぼくはよーちゃんに
キスをしたりします。

なんともかわいい詩だと思ってしまいます。子どもというのは、自分から悪いことをしたいと思って悪いことをする子どもはいないのではないでしょうか。何らかの理由があるのだと思うのです。私たち教師や大人の仕事は、子どもの問題行動の裏側に潜む願いをくみ取り、それを理解してあげると同時に、その子どもが変化・成長していくという可能性を信じ続けることだと思うのです。

ここで裕太にとった方法がベストだったかどうかは、正直わかりません。他の方法があっただろうとも思います。この事例をもとに、他の方法の可能性を探ってみてほしいと思います。教育というのは、そうした無限の可能性やアプローチを考える所に、醍醐味があると言って良いと考えているからです。

最近よく「あの子は、困った子ね～。」という声を聴くことが多くなりました。教師の側から見たら、「困った子」かもしれません。しかし、子どもの側から見たら「困っている子」と見ることができるのではないでしょうか。「困った子」は、実は「困っている子」なのです。そうした視点に立って、子どもたちを見ていく必要があるのではないでしょうか。

5 表現が伸びる条件

二〇〇七年四月二四日に、野口さんというお母さんが職員室に来ました。その年の三月に卒業させた翔平という六年生の子どもの親でした。

「増田先生、卒業式の時に撮った写真ができあがったので、お持ちしました。」

と封筒を渡してくれました。開けて見てみると、翔平と私の写っているツーショットの写真一枚と、丁寧なお手紙が入っていました。その手紙は、次のようなものでした。紹介したいと思います。

父の部屋の枕元から詩集が出てきました

野口則子

増田先生、一年間大変お世話になりました。三月二三日の謝恩会には、私の父（翔平の祖父）が心筋梗塞で急に亡くなってしまい、参加できずに残念でした。先生ともっといろいろお話をさせていただきたかったです。

魚沼産コシヒカリを作っていた新潟のじじは、翔平の書いた詩がとてもうれしかったようで、来る人来る人に詩集を見せては、自慢していたそうです。

最後に電話で話をした時は、

「増田先生が出演されたテレビが見られなかった。」

とくやしがっていました。そして、

「翔平は、いい先生に教えてもらって良かったなぁ。詩集を見てると、先生の人柄までわかる。」

と話していました。

父の部屋を片付けていたら、枕元から詩集が出てきました。いつも詩を読んでいた父の様子が浮かび、涙がこみあげてきました。ユーモア詩は、クラスの中だけでなく、それを読んだたくさんの人たちに、幸せの種をまいてくれたように思いました。

翔平が卒業してからも、何気ない会話の中に、

「今の、ユーモア詩になりそうだね。」

なんて家族で笑うことが度々あります。MY詩集でも続けたらおもしろいかもしれません。アンテナを張り続けていけたらすばらしいと思います。

五年生に妹がいますので、三小でお会いできると思います。読み聞かせも続けて行くつもりですので、これからもよろしくお願いします。すばらしい一年間でした。ありがとうございました。


おじいちゃんに差し上げたのは、六年生一学期の詩集でした。おじいちゃんのことを書いているということで、

「こっちの一冊は野口君の分だよ。そして、もう一冊はおじいちゃんの分だよ。良かったら送ってあげて……。」

と二冊詩集を渡したうちの一冊でした。その時に載せた詩は、次のようなものでした。

おじいちゃん

野口翔平（六年）

ぼくのおじいちゃんは農家で、
魚沼産コシヒカリを作っている。
いつも

「米しか食べない！」
と言っているが、
パンもうまそうに食べている。

意地をはっているだけなのかな？
――

この詩を読んで私は、
「よく見ているなー。なかなか人間の本質をついている詩だなー。」
と思ったものでした。

私は、この手紙を読んで、本当に胸が熱くなりました。孫が自分のことを書いてくれた詩が載った詩集をみんなに自慢する。それだけでなく、臨終の間際まで詩集を枕元に置いておいてくれたのです。きっと、暇さえあれば詩集を取り出し、孫の書いてくれた詩を読んでいたのだと思います。これを読んで、つくづく詩集を発行してきて良かったと思いました。

翔平は、この詩を書いてから大きく変化・成長しました。それは、自分の書いた詩を肯定的に受け止め、そのことを大喜びしてくれたおじいちゃんの存在があったからだと思うのです。

子どもの表現というのは、その表現（詩・作文・言葉など）を肯定的に受け止めてくれる他者の存在があった時、大きく変化・成長していくのだと思うのです。いや、そうした存在を抜きにしては伸びていかないと言っても良いのではないかと思うのです。私たち教師や親が、そうした存在になれたら良いなと思うのです。

6　「学級づくり」の究極の目的は？

「学級づくり」とは、最終的には何を目的として進めていけば良いのでしょうか。私は、課題と理想として、次のことを考えています。

【学級経営の最終的な課題とは？】

①子どもの声を拾い、それを広げていく
②子どもをいかに生活の主体者にしていくか？
③子どもを主人公にした学級づくり、学校づくりをどう進めていくのか？
④子ども同士をつなげ、「人と人とのつながりのすばらしさ」をどう伝えていくか？

【学級経営の理想とは？】

①どの子にも居場所があり、「自分はここにいて良いんだ！」と思えるようにすること
②自分の思いを自由に語ることができ、それが他者に受け入れられること
③自分の成長が実感でき、その成長を他者と共有することができること
④「自分は担任の先生に愛されているんだ」「ひいきされているんだ！」と思わせることができること！

ここで、【学級経営の理想とは？】の四番目に「ひいきされているんだ！」と思わせることができること、と書いています。私たちは、どうしても学級の子どもをひとかたまりとして見がちです。しかし、子どもたちは「自分を見てほしい」と思っています。つまり、個人として見てもらいたいと思っているのです。

ですから、一人ひとりが、「自分は担任の先生に愛されているんだ」「ひいきされているんだ！」と思わせることができるかどうかが、学級経営の究極の目的なのではないかと思うのです。それは、他者と比べるのではなく、三〇人いたら三〇通りの愛し方をするということです。ある意味、それは「クラスの子どもが好き」という漠然とした感情に比べると、もっと難しいことなのではないかと思うのです。しかし、そのことを大切に考えていくことが、個人を大切にすることなのではないでしょうか。

第2章
子どもの心を知る

人形をやぶった

守安正吾（三年）

ぼくが留守番をしている時、
人形と二人でおままごとをしていた。
ぼくが料理を作る人で、
人形が食べる人だ。
ぼくが作った料理を無理矢理食べさせたら、
人形をやぶいてしまった。
やばいと思って人形をかくした。
でもママが帰ってきてばれてしまった。
そしておこられて半泣きをした。
部屋に閉じこもっていたら、
いつのまにか寝ていた。
そして、次の日の朝になっていた。

若い先生に限らず、ベテランと言われる先生にとっても、「子どもとどのような関係を築くか」「子どもの一人ひとりの持ち味をどのようにとらえ、どのように働きかけるか」「子どもの行動をどのように見たら良いのか」ということが課題になります。これらのことについて、具体的に述べたいと思います。

今、大人である教師が、表面的な行動の裏側に隠れている子どもの本音を、どこまで深くとらえることができるかということが大きく問われています。

私は、この章を通して、目の前にいる子どもへのとらえ方が変わっていくと思っています。また、ぜひとも子ども理解の参考にしてもらいたいのです。

1 子どもの表現の裏側にアンテナをはる

(1) 沢田靖子のこと

担任をした五年生の靖子は、心の優しい女の子でした。自然に対してもやさしい目を向けることができました。その靖子のやさしさがよくわかるこんな詩があります。

公園の虹

沢田靖子(五年)

今日公園で、友だちと遊びました。
小さい子が水遊びをしています。
私たちも水遊びをしました。
洋服までびしょぬれになりました。
しばらくして
水が出ているところを見た友だちが、

「虹が出ているよー」と言いました。
水の上に虹が見えました。
赤と黄色と黄みどりと青が見えました。
とてもきれいでした。

虹の色までよく見ている繊細な靖子の様子がよくわかる詩ではないでしょうか。そんな靖子のお母さんが、おばあちゃんの看病のためにしばらく家をあけました。そのため、遠足のお弁当を自分で作ってきたのです。その時に書いてきた詩は、次のようなものでした。

遠足のお弁当

沢田靖子（五年）

五年の遠足で
私は自分でお弁当を作りました。
私一人で作りました。
どうにかできあがりました。
私はお弁当の時間がとても楽しみでした。
お弁当のふたを開けると、
中身がグチャグチャでした。
食べるのがいやになって
とちゅうで食べるのをやめました。
お母さんが作ると、
なんかあたたかい感じがするのに、
その日食べたお弁当は、
とても冷たかったです。

一生懸命自分で作ったお弁当が、グチャグチャになっていたショックは、靖子にとっては口にあらわせないほどだったに違いありません。

なかなかお母さんが帰ってこないので、靖子はイライラし、友だちをぶったり暴言をはいたりするようになりました。そんな時に、こんな詩を書いてきたのです。

雨の日

沢田靖子（五年）

私は雨の日、
「友だちと遊べないな」と思うより
「せんたく物がかわかないな」

そう思う方が多くなりました。
もしかして
オバサン化しているのかも？

さらっと読むと、「おもしろい詩だな」ですんでしまうのですが、気になった私は靖子に聞いてみました。すると、「お母さんが、おばあちゃんの看病で、実家に帰っていて、いない間ずっと家事をしてきたこと」や「さみしいこと」などを、涙をこぼしながらしゃべってくれました。

靖子は、本当はその大変さをわかってもらいたかったのです。私はこの時に自分の鈍感さをイヤというほど痛感しました。私たち大人は、こうした一見ユーモアに見えるものの中にある子どもの本音を、しっかりと理解してあげる必要があるのではないでしょうか。ユーモアに本音を溶かし込む形で表現しようとするのも、現代の子どもたちの特徴なのかもしれません。

（2）命の取り替えっこをしてもいい

最近の子どもたちは、自分の居場所を探しているように思えて仕方がありません。また、その居場所を見つけられずにイライラしている子どももたくさんいます。教育という営みの中で特に大事なのは、一人ひとりの子どもの居場所をつくり出してあげることであり、居場所探しの手助けをしてあげることではないかと思うのです。

そこで、裕梨という女の子のことを通して、居場所探しについて考えてみたいと思います。

ダジャレ?

石井裕梨(三年)

私が
「詩は何がいいかなぁー?」
と言っていたら、
お父さんが時代げきを見ていたのに、
「しー!」
と言いました。
私が
「そのいい方、ダジャレ言ってるつもり?」
と聞いたら
答えてくれませんでした。

私が学級通信「スコーレ」に裕梨の詩「ダジャレ?」を載せた時、お父さんは近くの病院に入院していました。裕梨のお父さんは、心臓が肥大してしまう難病になってしまい、私が担任する前の三月末に心臓の手術をしました。裕梨に言わせると、本当に難しくて大変な手術だったそうです。なんとか手術も終わり、無事にお父さんが帰ったのですが、裕梨はいつもお父さんのことが心配でした。そんな裕梨のお父さんが、調子が悪くなってきたのと検査入院とで、再び近くの病院に入院してしまいます。裕梨は表面的には元気いっぱいなのですが、やっぱり心配なのか時々寂しそうな表情をするのです。そんな裕梨が、はじめてお父さんのことを綴ったのです。私はすぐさま学級通信に載せました。すると、その日のうちに裕梨は、自分の詩が載った通信を病院に持って行ったのです。

お父さんは、裕梨に看護師さんに見せるように言います。すると、次の詩のように大受けするのです。

スコーレを見せたら

石井裕梨（三年）

この前お父さんに、
スコーレを見せたらわらっていました。
「ダジャレ？」
という私の詩を見せた時でした。
私は
「なんで笑っているんだろう？」
と思いました。

お父さんが、
「かんごふさんに見せたら？」
と言ったので見せたら、
二人のお姉さんが
「ダジャレ、ダジャレ」と言って、
笑っていました。

お父さんは後日、こう語ってくれました。

「自分の病気について不安でしたが、裕梨の詩を病院の看護婦さんに見せたら大笑いされました。そしたら、なんだか自分までうれしくなってきて、病気に対して立ち向かおうという気持ちになりました。」

こうしたことを、これまで私は学級通信で紹介したりしましたが、三年生の段階ではまだ裕梨のお父さんのことを詳しく伝えようとは思っていませんでした。まだそのことを受け止めきれる子どもたちに育っていなかったからです。

四年生になった四月、私は学級ミニ詩集「自分が今一番思っていること」を発行することにしました。三年生一年間における詩の読み合いを通して、大分他人の痛みを理解する力がついてきたし、ここで一人ひとりが持っている悩みを共有し合うことを通して、もう一歩人間的に成長してほしいと思ったからです。

そのミニ詩集の詩を書く時、裕梨はお父さんの病気のことについて書こうかどうしようか迷っていました。裕梨にその思いを聞いたところ、

「病気のことを私が心配しているのをお父さんが知ると、お父さんが困るし、逆に私のことを気にしたらイヤだから……。」

と語ってくれました。そして、

「お父さんが良いって言ってくれたら書こうと思っている。」

とも語ってくれました。私は、

「無理に書かなくても良いよ。でもお父さんに書いても良いかどうか一応聞いてみてごらん。」

とアドバイスしました。家に帰って聞いたところ、すぐにＯＫが出たので、裕梨は長い間言えないでいた自分の思いを次のような詩に綴ってきたのです。

お父さんの病気

石井裕梨（四年）

私のお父さんは、
私が生まれた時から入院していました。
でもなおりませんでした。

二年生のある日
お父さんと同じじんぞうの病気の人が、
テレビで手術しているのを
お父さんはいっしょうけんめい見ていました。

少ししてお父さんは
その同じ手術をしました。
でもまだなおったわけではありません。
お父さんの病気は、なおらない病気なのです。
病院の先生も
どうやってなったのか
どうやったらなおるのか
知りません。
もし私の願いを一回かなえてくれるなら、
「お父さんの病気をなおしてください！」
とお願いしたいです。
お父さんの病気がなおらないとわかっても、
いつかは願いがかなうといいと思っています。

裕梨は、今まで心の奥に置いていた「お父さんへの思い」を書きました。そのことをクラスの子どもたちはしっかりと受け止めてくれました。もちろん、「かわいそうだ！」などというとらえ方ではありません。裕梨が心の奥底であたため続けてきた思いの深さに共鳴したのです。なんと言って良いかわかりませんが、クラスの中にフワ～と温かい思いが広がったのです。この詩を読んで、裕梨のお父さんは、こんな感想をよせてくれました。

「うれしくて涙がこみあげてきました」

石井丈夫

裕梨の詩を読んで一番最初に感じたことは、「裕梨がこんなに私の病気のことを思ってくれているとは思わなかった」ということです。とてもうれしくて、読んでいる途中で、涙がこみあげてきてなかなか最後まで読むことができませんでした。日頃からきちんと家族で話し合ったりすることがなく、裕梨の悩みや思っていること、将来の（夢の）ことなどまったく聞いたことがなかったのです。おかげ様で、裕梨の思っていることがわかり、とてもうれしいです。

　このミニ詩集（自分の思っていること）を読ましていただいて、自分の悩みや友だちの悩みがとてもよくわかる詩集になっているなと思いました。また、自分の心を開放して聞いてくれる仲間がいることは、とても良いことだと思います。みんなが一人の悩みや痛みを思い合うと同時に、一人ひとりがみんなの悩みや痛みを思い合っていくというとても良い方法だと思いました。ありがとうございました。


裕梨のお父さんが心臓の病気になったのは、裕梨が生まれる少し前です。一〇日に一度ぐらい発作を起こし、そのたびに救急車を呼ぶ生活をしていました。救急車に乗るお父さんを見守るお母さんと裕梨と裕梨のお姉ちゃんの三人の様子が目に浮かびます。そして、そんな時の家族の思いが伝わってくるようです。

　親なら誰でも我が子が難病にかかった時、「かわってあげたい！」と心から思うはずです。それと同じように、子どもたちはお父さんやお母さんに何かあった時、「なおってほしい。どんなことでもするから、なおってほしい。」と思うものなのです。私は、裕梨が綴ったお父さんに対する作文や詩、そして、裕梨のお父さんの感想を読んで、「親子のつながりの深さ」を知ると共に、親子であっても本音の部分を交流することで、そのつながりがより深まっていくものなのだなーと思うのです。

　こうした思いは子どもたちだけでなく、クラスの親たちにも広がっていきました。子どもの切実な願いや思いは、他人をも変えずにはいられない力を持っているようです。そのことのすばらしさに気づかせてくれたできごとでした。そして、裕梨はこの時の事を、次のような詩にしてきました。

詩集を読んで

石井裕梨（四年）

私は詩で
自分の思ったことが
書けるようになりました。
私は自分の一番思っていることで、
お父さんのことを書いた。

なやみっていろいろあるけど、
それをはっきり言えるって
すごいことだと思う。
私は詩の力を感じるようになった。
詩があってよかったです。

裕梨は、今まで心の奥底に秘めていた思いを詩に綴ることで、癒されたようでした。そのことは同時に、裕梨のお父さんをも癒したようでした。この時以来、裕梨の詩の中におもしろいお父さんが登場するようになりました。

しょうゆ味の麦茶

石井裕梨（四年）

この前お父さんが、
しょうゆが入っていたペットボトルに
麦茶を入れた。
みんなでのんだら
しょうゆの味がして、
すごくまずかった。

私は
「麦茶の入れ物がないからといって
　しょうゆの入っていた
　ペットボトルに入れること
　ないと思うなー。」
と思いました。

私はお父さんが
よくこんなバカなことを考えるな
と思いました。

お父さんのおしんこ⁉

石井裕梨（四年）

夜ごはんの時
私がプールから帰って
「おなかすいたー、ごはんは？」
と聞きました。
そしたら
「今作っているよ。」
とお母さんが言いました。
しばらくしてできたけど
おしんこがありませんでした。
「お母さん、おしんこは？」
と聞いたらお父さんが、
「お父さんのチンチンじゃだめ？」
と聞いてきました。
私は心の中で
「バカじゃないの？」と思いました。

「お父さんのおしんこ」は、裕梨が四年生の三学期に書いたものです。こんなことを言うお父さんではなかったのですが、お父さん自身が本当に明るくなりました。裕梨の詩を通して、家族の愛情を感じて気持ちが前向きになっていったからだと思うのです。

もちろん、お父さんの病気がなおったわけではありません。でも、家族みんなの力で病気に立ち向かっていく姿勢は生まれたし、そのことのお手伝いはできたのではないかと思っているのです。

しかし残念ながら、裕梨のお父さんは、裕梨が中学三年生の時に、風邪をこじらせて亡くなってしまいました。そのことを伝え聞いた私は、ショックで声が出ませんでした。本当なら、お線香をあげに行きたいのですが、未だにその決心がなかなかつかずにいます。情けないものです。

(3)「夫婦げんか」の詩からのエピソード

夫婦だったら、だれでもケンカをすると思うのです。四年生のA子は、次のような詩を書いてきました。

お父さんとお母さんのケンカ

A子(四年)

私のお母さんとお父さんのケンカは、
かなりものすごい。
私がねている時でもケンカをする。
この前もケンカをしていた。
お母さんがお父さんに電話したら、
何か言われたらしい。
お父さんが帰ってきた時に、
お母さんがプンプンしていたので、
「なにプンプンしてんの?」
とお父さんが聞いたら、
いきなりおこりだした。
私はこわくて自分の部屋にとじこもった。
だけど二人の声は聞こえてきた。
三〇分ぐらいしたら、
お父さんが大声を出した。
私は足がブルブルふるえた。
なんで私のお父さんとお母さんは、
大声を出すようなケンカをするのだろう。
もうそういうケンカはしてほしくないです。
「本当はケンカをやめて!」

と言いたいけど、こわくて言えない。　――だから詩に書きました。


A子は、この詩を紙に書き、詩ノートにはさんで出してきました。こうした詩を書いてくる時は、なんらかの子どものメッセージが込められている時です。私は、A子とじっくり話し合ってみました。

「この詩を読んでいたら、すごくせつなくなったよ。でも、どうしてこんな詩を書くことにしたの？」

「最近、お父さんとお母さんのケンカが多くて、すごくイヤなんだけど、どうしても『ケンカをやめて！』って直接言えなくて悩んでいるの」

「そうなんだ。君の気持ちはよくわかったし、詩を書いてくれたことで、こうして君と話し合えて、良かったな。ところで、この詩をどうしたい？　先生としては、こうしてA子と話せたし、この詩を書いた意味が十分あるので、これで終わりにしてもいいんだけど……」


本音で言うと、終わりにしたいと思っていたのです。家庭のことだし、プライバシーに関わることなので、深入りするのはまずいのではないかと考えたからです。そんな私の思いとは裏腹に、A子はこう言ったのです。

「できたら、私が書いたことがわからないようにして、学級通信に載せてほしい。そうすれば、もしかして、お父さんとお母さんが考えてくれて、ケンカをやめてくれるかもしれないから……。」


こうした会話のあと、私は三週間近く考え、詩の内容を多少変えて通信に載せることにしました。その際に、A子に「絶対この詩を自分が書いたと言わないこと。もしお父さんやお母さんに聞かれても、絶対しらんふりをすること」を約束させました。また、「教師である僕自身も、絶対にしらばっくれるからね」と言っておきました。


案の定、翌日A子の母親が私のもとを尋ね、

「あの詩は、どう見ても私の家のことだと思うのですが、違いますか？　娘に聞いたのですが、違うと言うのです。

本当ですか?」

と、何度も聞いてきたのです。

「いいえ、違いますよ。あの詩は、他の子です。」

と、答えました。A子の母親は、「これ以上聞いてもムダだ」と思ったのでしょう。納得いかない様子で帰っていきました。しばらくしてA子が、

「先生、あの詩を書いて以来、お父さんとお母さんのケンカが少なくなったよ。良かった。」

と、うれしそうに言ってくれました。

夫婦といっても他人ですから、ケンカをすることもあります。しかし、そばで見ている子どもが、どのような思いでいるかを知ってほしいと思ったできごとでした。

しかし、この後が大変だったのです。何人ものお母さんが、私のもとをたずねてきて、

「あの詩は、うちでしょうか?」

と、しつこく聞いて来るのです。なんと三二人中八人ものお母さんが聞いてきたのです。私は、心あたりのある人がこんなにいるのかと、正直驚いてしまいました。

(4) 笑い合う瞬間の力

笑い合う瞬間の力というのは、子どもたちの心を大きく成長させるのです。そんなことがわかる詩を紹介したいと思います。

お・おどる?

五十嵐立樹（三年）

マラソン大会の前の日、
お母さんと話をした。

ぼくが、

「一位になったら何か買って。」

と言ったら
「いいよ、ケーキね。」

とお母さんが言った。

次にぼくが、

「一位になったら?」

と聞いた。

そしたらお母さんが、

「そりゃ、おどりだすよー。」

と信じられないことを言った。

お母さん、オレ、おどるより
ケーキの方がまだいいよ!

笑い

梶日菜子（三年）

おばあちゃんの家で私が大笑いしていると、
お母さんが、
「何で笑っているの?」
と聞いてきた。
何で笑っているのかわすれてしまったけど、
おばあちゃんの笑い方がおもしろくて
笑いが止まらなくなった。
気がつくとお母さんも大笑いしていた。
「私の笑い方がおもしろかった。」
と言っていた。
変なの?
でも笑っているとあったかい。

立樹の家では、マラソン大会で二位になるとケーキで、一位になるとお母さんのおどりがついてくるのです。私だったら、「お母さんのおどりも見てみたいな〜」なんて思ってしまいますが、子どもにとっては食べられるケーキの方が良いのでしょう。その気持ち、とってもよくわかります。こうした瞬間に、とっさにユーモアで切り返す立樹のお母さん、さすがだと思います。一位になったら、もっと豪華な賞品が待っていると思っていた立樹は、その答えにびっくりしたことと思います。その時の表情が、目に浮かぶようです。

日菜子の家では、おばあちゃんの笑い→日菜子の笑い→お母さんの笑いと、笑いが次々とつながっていきます。人が笑っているのを見ると、周りの人まで笑ってしまいます。笑いの伝染力は、ものすごい力を持っているのです。日菜子の最後の「でも笑っているとあったかい」という言葉が、この詩を見事に引き締めています。笑いの本質をついた、素晴らしい言葉だと思うのです。

立樹の家も日菜子の家も、笑うことを大事にしている様子がうかがえます。笑いは、人の心を柔らかくし、なごませる力を持っています。ある会社では、朝礼にみんなで一分間大笑いする時間をとったそうです。その結果、会社の業績が上がったそうです。

学校でも、朝の会の時に一分間笑うという時間をとったら、きっと学習効果があがること間違いなしだと思うのです。子どもと肩の力を抜いて付き合ってみる。その時に、子どもとの関係性が、大きく入れ替わる瞬間を感じることができるはずです。子どもと笑う時間をどこかでとること。ぜひともやってみてほしい試みです。

2 怠学ではなかった安男

（1）「家庭崩壊」の中にある子どもたち（六年生）

安男を担任した時の六年生のクラスは、問題を抱えている子どもが数多くいました。例えば、机の中がグチャグチャで忘れ物が多く、だらしない芳男という男の子がいました。しょっちゅう、私に、

「少しは、片付けたらどうだ！　まわりの人も、君の机の周りにプリントが落ちていたりして、迷惑がかかっているじゃないか」

と怒られていました。実際、プリントの上に乗っかってすべり、うしろに倒れて頭を打った子どももいたぐらいでした。その時には、多少片付けるのですが、続いたためしがありませんでした。

五月の家庭訪問で、私は母親に、

「ちょっとだらしないのですが、どう思っていますか？」

と、少しきつい口調で迫ってしまいました。また、プリントの事故の件も伝えました。すると、芳男の母親は、

「すみません。なにしろ世話をする時間がないものですから……」

と言ってきたのです。その反応に驚いた私は、

「アレ？　どういうことですか？」

と丁寧に聞いてみました。すると、涙を流しながら、

「父親が家具の輸入・販売の仕事をしていたのですが……。（少し間があってから）身体をこわし入院してしまいました。そのため入院費や会社が倒産したあとの負債をたくさん抱えてしまったんです。今は二人で借金を返している

ところです。だから二人とも帰りが一二時過ぎになってしまいます。そのため、芳男の世話は、兄と姉にまかせっきりなんです。」

と語ってくれたのです。

その時私は、「何も好きこのんでだらしがなかったわけではないんだ！」ということがわかっていったのです。その生活では、子どもに手をかけてやることができないのも当然だと思ってしまいました。

その他の子どもたちも大変でした。家庭訪問等を通していろいろなことを調べていくうちに、クラスの子どもたちの様子がだんだん見えてきました。まとめると、父子家庭が二人、一二時過ぎでないと両親が帰ってこない子どもが一人（ここであげた芳男）、母子家庭が一人、ノイローゼ気味の母親と毎日ケンカしている子どもが一人、五年生の時、一年間で二四三日中一七五日休んだ子どもが一人、両親ともに障害がある子どもが一人、特別支援が必要な子どもが二人でした。その時のクラスが、三〇人学級だったことを考えると、家庭の困難さを抱えている子どもがなんと三分の一もいたのです。非常に高い比率と言えるのではないでしょうか。そのため、学級全体の雰囲気は、落ち着きがなく、低学力の子どもが数多くいました。

もちろん、学級も荒れていましたから、頭がキリキリし、胃がシクシクする毎日でした。

（2）安男の状況と家庭環境

こうしたクラスの中に、不登校の安男がいました。安男は、二四三日中一七五日の欠席をしていました。五年生のはじめと三学期終わり頃に少し続けて登校しました。その後は、子どもたちのうわさによりますが、「家の前でサッカーをしていた」「買い物に出かけていた」ということで、学校に行かずに外には出ているという状況だったようです。こうしたことから、明らかな「怠学傾向」と言えるのではないか、と考えました。五年生の担任が、三学期に教頭と親のところへ行って話をしたところ、少しは来るようになったそうです。

安男は二卵性双生児で、双子の兄がいました。その兄は、幼児期に母親とうまくいかなったらしく、赤ちゃんの時から母親に嫌われ、段ボール箱の中で犬のように育てられ、ミルクも与えられなかったとの話でした。「このままでは、双子の兄が死んでしまう」ということで、近所の人が生活保護司に相談し、施設に預けられることになったそうです。

三歳ぐらいまで施設で育てられた兄でしたが、その後家に戻されました。しかし、やはり母親はあまり世話をせず、食事もきちんと与えなかったのです。そのためお腹がすいてたまらないので、近所のお店で食べ物をとっては食べていたとのことでした。食事を与えられないのですから、当然の結果として、兄は万引きの常習犯になってしまいました（学年の取り組みで、その後万引きがなくなりました）。

私は、安男の様子を近所の知り合いの親に尋ねてみました。その結果、次のことがわかっていきました。

①安男は小さい時から病弱だった。そのため、母親の関心を一心に受けていたこと。

②兄と違って気が合ったため、母親にいろいろ世話をされていたこと。

③病弱だったため、過保護に育てられ、子どものわがままは何でも通るという母子関係になっていったようだったこと。

④家族関係では、次のことがわかっていきました。

・兄と姉がいるが、この二人とも学校に行っていない。

・父親とは、四歳ぐらいの時に離婚したが、三年ほど前にまた同居しはじめた。籍は入れていない。

・近所の人の話では、父親は非常識であり、犬を家の中に三匹ぐらい飼っていて、近所迷惑な行為が多々あった。家の中もくさくて仕方がなかった。

聞いていくうちに、大変な生活状況がどんどん見えていきました。私は、「こうした状況で育てられたのだから、きっと過保護に育てられたに違いないし、耐える力がないに違いない」と思ってしまいました。また、母親も「学校に行きなさい」と要求できないに違いないし、前担任も言っていたように、「安男は怠学で学校に来ないんだ」との安男像をつくりあげていってしまったのです。

正直、恥ずかしい話ですが、安男を受け持った時の私は、安男や母親に対してこの程度の認識しかありませんでした。

（3）安男の登校をめぐって

少し前に戻りますが、四月六日の準備出勤での様子を紹介します。準備出勤では、基本的には前の担任が子どもたちに指示をします。しかし、子どもたちの様子を知りたかった私は、六年生の子どもたちと一緒に意図的に作業をすることにしました。

作業が終わりに近づいたころ、安男と利明の二人が「僕達の担任になるの？」と聞いてきました（準備出勤では、安男が来ていました）。

「もしそうなら、どうする？」

と聞くと、安男は、

「別に……？」

と答えましたが、うれしそうな様子でした。それを見た私は、「もしかすると、始業式の日に登校してくれるかも……？　いや、たぶん来てくれるさ！」といった思いを持ってしまいました。

始業式前日のことです。私は、

「明日は、安男が来てくれるといいなー。いや、多分来てくれるさ！」

と、当然のように良い方に解釈していました。しかし、始業式当日、安男は来ませんでした。私は、始業式で並んでいる子どもたちのそばを何気なく通りながら安男の姿をさがしましたが、やはり見あたりませんでした。期待していただけに、なんとも言えない淋しい気分になって、

「やっぱりだめだったかー」

と、小さな声でつぶやいてしまいました。

教室で学級開きをした後、「明日はどうか来ますように！」との祈るような思いでしたが、やはり二日目も来ませんでした。仕方がないので、五年生の時比較的仲が良く面倒もよく見てくれていたという歩と達也にお迎えを頼みました。

私は、始業式の日の放課後、安男の家に電話してみました。

「あの〜、小学校担任の増田ですけど……。」

と言うと、母親は、

「ハア？」

と誰だかよくわからないという返事をしてきました。「お友だちに頼んで学級通信を渡したのだから、読んでいてくれてもいいのに……」と思った瞬間でした。

新しい担任であることを告げると、やっと理解してくれました。休んだわけを聞くと、「調子が悪かった」とのことでした。そして、「明日は行けると思う。」と返事をしてくれました。私は、とりあえず電話を切りましたが、「次の日は来るだろうか？」と不安な一日を過ごしました。

三日目の朝、歩と達也が迎えに行ってくれました。すると、安男はすでに学校に行く用意をして待っていたので

す。そして、三日目に待望の安男が学校に来て、みんながホッとすることができました。

（4）学年の取り組みで、安男が意欲的に

三年生の時から休み始めていた安男にとって、どの教科も理解が不十分でした。特に算数はわからない教科のひとつだったのです。基礎的な計算さえまともにできない状況でした。そこで、とりあえず、九九の計算練習から始めることにしました。

七の段と八の段を中心にして、ノートに書かせたり、何回も練習させました。マンツーマンで徹底的に教え、なんとか全部九九が言えるようになった時、

「安男、やったじゃないか！　たいしたものだ！　やればできるじゃないか！」

と言って、かたい握手をすることができました。安男は、

「エヘヘヘ……。」

と照れ笑いをしながらも、うれしそうでした。

その時以来、宿題以外にも計算練習をするようになっていきました。そのたびに私は、頭をゴシゴシと少し荒っぽくなでてやりました。

この計算の取り組みは、学年全体で取り組んでいったのですが、伸び率を基礎に褒めていきました。安男は、他の子と比べると計算が遅いし、もともと低い点数だったので、伸び率はほとんどベスト5に入っていました。常に上位に入っているという経験が初めてだった安男は、本当にうれしそうでした。そして、こんな作文を書いてきてくれました。

おうえんしてくれるのがうれしい

武田安男

ぼくは、六年生になって計算ができるようになってきたと思う。伸び率はいつも上の方だし、頑張ってやっていけばできると少し思えるようになってきた。

なかなか切れなかった計算プリントで、三分を切ることができるようになった。とてもうれしかった。

みんながいつもおうえんしてくれたのもうれしかった。

（５）母親が変わり始めた⁉

六年生の教材で「分数÷分数」があります。その「分数÷分数」で、なぜひっくり返して計算するのかを授業でやりました。そして、そのやり方を父母に説明してくるという宿題を出したのです。その時に安男は、次のような作文を書いてきてくれました。

計算のしかたを説明した時のこと

武田安男

今日の二時間目は算数でした。今日は分数のわり算でした。ぼくは、ずーっと先生の話を聞いていました。いみがわかったときに先生が、「今日の生活ノートには、分数のわり算でどうしてひっくり返すのかを説明した時のことを書いてくる」という宿題を出しました。

家に帰ってお母さんに聞きました。お母さんが「どうして?」と言ったので、ぼくは「しょうがないなー。」と言って教えてあげました。「すごいじゃない!」と言ったので、「すごいでしょう!」と言ってしまいました。「でも本当は先生が考えたんだよ。」と言ったら、「やっぱり増田先生はすごいわね!」と言って二人で大笑いしました。

この作文は、本当にうれしくなりました。母親が変わり始めていることが伝わってきたからです。

私は、一学期頑張って来てくれたことがうれしくて、一学期の終業式直前に安男の家に行きました。すると、「先生のおかげで一学期はほとんど休まずに行ってくれた。うれしくて……」と母親が喜んでくれました。私は、「その気持ちを、ぜひ手紙に書いてきてほしいな」と伝えました。その結果、二学期になって、ノートから切り取った四枚もの手紙をもらうことができました。

安男の母親の手紙は、次のようなものでした。

一・二年生の時は、朝霞第五小学校でした。その時は、よくがんばって登校していました。そして、四年生から、朝霞第三小学校に入りました。四年生の時、最初はよく行っていたのですが、だんだん学校へ行かなくなり毎日家にこもりがちでした。私は最初は子どもに何も言わなかったというより言えなかった。病気で休んでいると思い……。

時すぎて、また学校に行くようになり、私はうれしかった。でもまた登校しなくなりました。四・五年生の時も、少しは学校に行ったのですが、また登校をしなくなり困りました。私一人、悩みました。お兄ちゃんもお姉ちゃんも、よく話をしてくれたのですが、だめでした。毎日が、私にとって長い時間でした。私は私なりに、子どものことをよくたのみました。それが、私の毎日の仕事でした。学校に登校しなくなってから、何ヶ月間ずっと仏さまにお願いをつづけました。

五年生の時です。やっぱり最初の時は良かった。でも、五年生の時も登校をしなくなりました。毎日、同じことのくりかえしでした。五年生の終わりごろ、担任の先生と教頭先生が家に来て、子どもにいろいろ話してくれました。「学校の門を入るだけでも良いから学校へ行こう」とすすめてくれました。なれるまで、二・三時間学校へ行って帰るというくり返しでした。でも、私も私なりにうれしかった。子どもが登校してくれただけでもうれしかった。

六年生になってからです。毎日朝早く起きて、自分の事をして、学校へ登校するようになりました。みんなに、「ずいぶん人間が変わったね」と言われ、夜遅くなっても、朝は早く起きるようになりました。今まで、本当に悩み、毎日がつらかった事が多かった。母にもその事を話し、友だちにも話しました。「あなたが頑張ってお願いを続けたから、良い方向に行ったのよ」。その時私は、仏だんの前で「ありがとうございました。これからも、子どもを守って下さい」とお話をしました。

安男は、学校に行くことが毎日の楽しみなのです。お兄ちゃんにもお姉ちゃんにも、「ずいぶん変わったね」と言われるようになりました。「自分は勉強を、一生懸命やらなくちゃ」と言っています。「休んだ分まで頑張ってやるんだ」と、自分で言いました。

学校から帰って来て、宿題をやり、遊びもしたり、自分なりにやっています。何ヶ月も休んでいた子が、いろいろな勉強をして、先生からいっぱい賞状をもらい喜んでいる子です。私も頑張った。それなりに子どもも頑張ってくれた。私にとって幸福です。学校に登校するようになって、私は本当に良かったと思っております。

この便せん四枚に書かれた手紙は、頼んでから一ヶ月も経ったものでした。手紙を読んでいて、胸が熱くなってきました。我が子への思いが　胸にひびいてきて、何度も何度も、じっくりと丁寧に読み直してしまいました。また、精一杯頑張って書いてくれたことが伝わってきました。私が書いてみての感想を聞くと、「先生、こんなに長い手紙をこんなに本気になって書いたのは生まれてはじめてなんです。」

と、うれしそうに答えてくれました。

私はこの手紙を読んで、「子育てというのは、子どものことで悩み・苦しみ・そして喜ぶ中で、我が子への思いを深く確かなものにしていく作業なのだ」とつくづく感じさせられました。

（6）安男の泣いた日

九月二一日にさぼりで休んだらしいという子どもたちの話を聞いて家に行ってみることにしました。玄関脇の洗濯機を使っていた母親の顔色が変わりました。一階は父親がいるので、二階で話をすることにしました。安男の母親は、妙にオドオドしていました。

母親に聞いてみると、次のような理由をトツトツと話してくれました。

「実は、今日安男が休んだのは、病気ではなくさぼりでした。私の弟のところに安男の兄が勤めていて、ゴタゴタが起きてしまったのです。そこで、一昨日安男の兄のところへ行ったのです。すると、嫁・舅のゴタゴタも同時に起きていて、なかなか話し合いがうまくいかなかったのです。そのため、昨日も弟の家へ行き、帰りが遅かったのです。私自身もそのストレスから体調が悪くなってしまい、病院に行くことになったので、行く前にお姉ちゃんに安男のことをたのんでから出かけたのです。

ところが帰ってきたら、安男がいたのでびっくりして聞いたところ、『学校に行きたくなかった』という返事が返ってきました。それを聞いてなさけなくなり、『安男がそういう形で休むということは先生にあげた手紙の中身がうそを書いたことになるんだよ。お母さんがうそつきということになるんだよ。それに、中学校に行った時、そんなことでいいの⁉』と安男に話したんです。そしたら、そばで聞いていたお姉ちゃんが、『もう、そのくらいでいいよ。あまりおこると、またダメになるよ』と言ったのですが、『一学期ほとんど休まずに行けたんだから行けるはずだし、今ここで言っておかないと、また安男は五年生の時みたいになるんだよ。』と答えたら、お姉ちゃんもわかってくれました。

だから、安男とじっくり話をしたんです。そしたら、安男がポロポロ泣き出したので、なぜ泣いているのかを聞いたら、『お母さんがかわいそうだから……』と答えました。その後、『明日から休まないようにするから……。お母さん、ごめんね』と何度もあやまってくれました。」

私は、これらの話を聞いていくうちに、安男に要求するようになった母親の変化がうれしくなりました。しかし、「お母さんがかわいそうだから行かなくてはいけないのが学校なのだ」というとらえ方に問題があるように思えたのです。私は、その考え方を変えるべきかどうか悩みましたが、今まで不登校だった安男にとって、とりあえず学校に続けて行くことを中心課題とすべきだと考え、そのままにすることにしました。

(7) 安男が不登校になった理由と母親の二面性

安男の母親の話を聞いた後、私は安男自身が不登校の理由をどう考えているかを知りたかったので、いろいろ聞いてみました。しかし、不登校の理由が自分自身もわからないようでした。そこで、今までの安男の生育歴や家庭状況などから、私はその理由を次のように分析してみました。

①三歳の時別れた父親と母親は、小学校三年生の時に再び同居をはじめた。(籍は、いまだに入れていない)

②そのため、母親べったりだった安男の心の中に、母親をとられてしまうのではないかとの不安が生じた。

③同居をはじめた父親は、安男と(もちろん他の子たちとも)ほとんど話をしない状態であったし、非常に気難しい父親だったので、家庭が安男にとって心休まる場でなくなった。

④父親は、建設現場で働いているため、長期の泊まり込みが多い。その父親がいない時、母親に甘えたいと思っ

て休み始めたのではないだろうか。
⑤また、双子の自分の兄がほとんど捨てられて育てられていたのを見て、「母親に気に入られなくては兄のように育てられるのではないか」との不安を、心の奥底に持っていた。
⑥そうして、三年生の後半から少しずつ休みはじめていくうちに、授業もまったくわからなくなり、四年になって今の学校に転校したので、友だち関係も全く新しくなった。
⑦こうしたことの中で、学校へ行く意欲をなくしていったのではないだろうか。
つまり、「母親をとられるのではないか」「自分も双子の兄のように捨てられるのではないか」という気持ちから、母親から離れられないようになってしまったのです。

ここで考えるべき点は、「なぜこれほど、兄と弟への対応が違うのだろうか。そのわけは、どこにあるのだろうか」ということです。つまり、母親がどうしてここまで兄と弟を区別する二面性を持ってしまったのでしょうか。

私は、次のように考えています。
①母親は無意識のうちに、父親への憎しみを双子の兄へ、母親である自分の思いを双子の弟に向けていたのかもしれない。
②自分と安男を同化させることで、救いを求めていたのではないだろうか。
③だからこそ、母親は自分の分身である安男を自立させずにいたし、手離そうとしなかったのではないだろうか。
人間は、自分の中にある愛情と憎しみを、心の中で同居させることができないと思うのです。だからこそ、それを双子にふりわけることで、心の平衡を保っていたのではないでしょうか。

こう考えてみると、安男は「怠学」で来ないのだ、という表面的なとらえ方では、安男の思いに共感した実践をつくり出していくことはできないのではないでしょうか。子どもの思いに共感するとは、「子どもは子どもなりに

図３「いま思うと……」

生きる重荷を背負い、教師である私と同時代を生きている仲間である」ととらえることなのです。

そして、教育で大切なことは、「子どもの表面的にあらわれる行動」から、深い思いや見えない思いを探りあてていくことなのではないでしょうか。

また、私は安男のことについて次のようにまとめをし、課題を整理してみました。

①一見「怠学」のように見える子どもであっても、その奥底には様々な悩みを抱えて生きている存在であるととらえる必要があること。

②たとえ否定的に見える親であっても、子どもに対する親心に寄り添っていくことで、新しいつながりが生まれること。

③「ダメな子」「ダメな親」ととらえるのではなく、子ども心・親心に寄り添った実践をしていけば必ず変わるだろうことを信じて実践していく必要があること。

（８）安男の描いた四コママンガから見えてくること

図３「いま思うと……」というマンガは、安男が書いてき

てくれたものです。このマンガで安男は、私のことを「おもしろい先生」と書いてくれています。たぶん、安男にとって、私は「他の先生とはちょっとちがう先生」に見えたのかもしれません。

私たちは忙しさの中で、子どもたちの目線で考えることをしなくなっているのではないでしょうか。だからこそ、子どもと同じ目線で笑ったり、泣いたりしている私のことを安男は感じ取ってくれたのかもしれません。

私たち教師や大人は、子どもの目の高さで泣いたり笑ったりできる存在になることが必要なのではないでしょうか。

(9) 安男の事例から学んだこと

クラスの子どもたちは、一年間で次々といろいろな事件を起こしてくれました。その中で、クラスで起きた大きなできごとのみをピックアップしてみたいと思います。

①教科書ビリビリ事件
②物が次々に紛失!(父子家庭の淋しさを紛らわすために)
③恋愛ごっこ(クラスの子どもにあおられ、ある男子と女子が、上野動物園でポッキーを両側から食べた)
④集団いじめ(一人の子どもをクラス全員の女子と数人の男子で)
⑤暴力反対決議(気に入らないとすぐに相手を殴ることが続いたため)

子どもたちは、イヤというほどたくさんの問題を起こしてくれました。私は、一時期、子どもがわからなくなり、子どもが嫌いになり、信じられなくなってしまいました。教室は落ち着かず、たえずさざ波がたっているような状態でした。

しかし、今思うと、自分作り進行中の子どもたちには、迷いやつまづき・仲間たちとの共鳴と反発などが絶えずおそうのではないでしょうか。また、社会や家庭の矛盾が、様々な形で子どもたちにおそいかかっているとも言えるのです。

だからこそ、「ダメな子だ」と見るのではなく、その子の生活もまるごと包み込んで見てあげることが必要な時代になっているのです。否定的に見える子の中にも必ず光るものがあるし、そうせざるを得なかった子どもの思いをとらえてあげるように教師が努力することが求められているのではないでしょうか。

また、問題を持っている子どもの親を「ダメな親」と見るのではなく、「発達可能態」（今からでも変化・成長していく存在ととらえること）と見ることが必要なのです。どの親も、心の奥底では我が子が大好きだし、子どもに好かれたいと思っているのです。しかし、それがうまくいかない中で、鬱積した思いを持っていくようになります。それは、時として学校や教師、周りの人々、発達援助職の人々などへの攻撃という形で現れてくることが多いのです。そのマイナスの思いも理解しながら、そうした親たちと共同していかなくてはいけないのです。中には、「自分自身が愛されなかった」という〝ファミリーチェーン〟にからめとられ、そこから身動きがとれなくて苦しんでいる親もいるのです（参考：増田修治『母親幻想から脱け出す』子どもの未来社、２００５年）。

私は、知れば知るほど、子どもだけを責められない気がしてきました。「どこまでも子どもを信じる」というのは、とても重く大変だけど、信じ続けていくしかないのではないでしょうか。いつか変わるということを信じて……。

第3章

子どもの力に依拠していじめを解決

一番変わったこと

野木佑希（四年）

一番変わったことは、
友だちみんなに
やさしくできるようになったことです。
なぜなら自分の思っていることが
上手に相手に伝えられるようになったし、
相手の事も少しわかってきたからです。
話した事がない人や
「やだな！」と思っている人でも、
詩に書いてあることが
おもしろかったりすると、
その人の事が好きになります。
どんな人でもやさしい心を持っているんだと
思うようになりました。
だからぼくもみんなに
やさしくすることが
できるようになったんだと思っています。

1　子どもの本当の心が見えない

（1）女子の団結を喜んだ矢先のできごと

六月二九日の二時間目は、理科専科の授業があるため、子どもたちはガヤガヤと理科室へ移動する準備をしていました。そのそばで、私は一時間目の終わりに受け取った生活ノートをめくりながら、赤ペンを入れていました。読んでみると、六月二七日の開校記念日に、上野動物園へ子どもたちだけで行ったことを書いている子どもが数多くいました。参加したのは、女の子一二人と男の子三人で、女の子で参加しなかったのは、用事のあった和子一人でした。

子どもたちは、六月のはじめから、開校記念日に子どもたちだけで上野動物園へ行くことを計画していましたし、時々は私にも報告してくれていたので、そうした子どもたちの文章を読んで、

「へぇ〜、なかなか楽しかったようで良かった、良かった。クラスの女の子の団結が高まってきたのかな。良い傾向だな。でも、大人がいないのが少し気になるが……」

などと喜んで、一人ひとりの生活ノートに、丁寧に赤ペンで返事を書き入れていました。

二時間目が終わり、子どもたちがドヤドヤと教室へ戻ってきました。だいたいの子どもが戻ってきたころ、仕事をしている私の机のそばに一〇人以上の女の子が寄ってきました。「なんの用だろう？」と思って顔をあげると、

「ハイ、これ！　みんなで上野動物園に行ったので、お金を出し合って、先生へのおみやげを買ったの」

と、代表の女の子が私に包みを差し出してくれました。開けてみると、コアラの絵のついた大きいコーヒーカップとパンダの絵葉書が入っていたのです。

「こんなに良いもの、もらって良いの?」と聞くと、うれしそうに、「うん」とうなずいてくれました。私は、子どもたちの気持ちが、たまらなくうれしくなりました。そして、なんだか子どもたちが無性にかわいくもなりました。しかし、そうした私の気持ちは、長くは続かなかったのです。

数日後、ある女の子の生活ノートに、いじめの問題があることが書かれてきたと同時に、ある一人の母親からも、「私の娘から聞いたことなのですが……」というかたちでの報告がありました。

聞いてみると、「動物園へ行った時に、良子をみんなで無視しよう」とか、「呼んでおいて、良子には集合時間をわざとずらして言って、一人だけおいてきぼりにしよう」などとの計画が、数人の女の子を中心に話し合われていたらしいことがわかったのです。

私は、それを聞いて大変なショックを受けました。今までの、クラスや学年の様々な取り組みの中で、子どもたちが変化・成長し、良くなってきている手ごたえを感じていたので、それとのギャップが理解できなかったからです。

私自身も、担任当初から、良子がクラスの中で浮いている存在であり、表情が暗く、他の女の子とうまく付き合えていないことを感じていたので、良子や学級の子どもたちに対して指導していました。学習が遅れがちでもあったので、学習会を組織して、集中的に良子に教えさせたりもしていました。クラスの女の子を見ていると、二〜三人で集まって仲良く勉強したりしてはいましたが、良子はというと、自分から積極的に「一緒に勉強しよう」という言葉が言えないようでした。

そこで班長会をし、良子のいる二班の班長の千恵に、「一緒に勉強しよう」との声がけをするように話をしました。そうしたはたらきかけによって、同じ班の千恵、百合子、良子の三人での勉強が始まりました。また、次の日には、別の班の君江や京子も一緒に勉強してくれたのです。そうした取り組みの中で、少しずつ良子が目に見えて明るくなっていきました。

良子自身、生活ノートの中で次のように書いてきていました。

五年と比べて変わったところ

三枝良子

私が、五年と比べて変わった所は、頑張るようになったことです。あと、五年の時にはみんなと話し合う時に、意見を出せずに終わってしまうことが多かったのに、六年になったら、まだ意見はあまり出せないけれど、友達とかには話せるようになりました。

五年の時には何もやらなかったし、予習も復習もしませんでした。六年になって、国語の本読みや計算の取り組みも頑張ってやるようになりました。

今は勉強会を一緒にやる人もいます。この前、佐川（百合子）さんが「一緒に勉強しよう」と言ってくれたので、私は「うん」と言いました。（良かったぁ、一緒に勉強会をしてくれる人がいて）と思いました。

これからも、この努力をむだにしないで、頑張っていきたいと思います。

こうした取り組みの中で、良子をとりまく状況が好転してきているように感じていた矢先だったので、まさか良子がいじめの対象になっているなどとは、思ってもみませんでした。良子へのいじめがはっきりしたのは、この生活ノートから一ヶ月後のことでした。

（2）長期にわたる集団いじめだった

私は、まず動物園へ行った男子三人を含む一七人の男子全員を別の部屋に呼び、話を聞くことにしました。車座になって座っている男子たち。私は、

「動物園へ行く時、女子の数人が良子へのいじめを計画していたようだけど、知っているかい？」

とたずねました。

聞いてみると、知っていたのは七～八人で、おもに「動物園へ行こう」と誘われた男の子たちでした。

「ぼくは知っているんだけど……。例えば、向こうへ行ったら、みんなで無視しようと話し合ったりしていたみたい」

とは、明の報告。

「佐川さん（百合子）と田中さん（君江）の二人が、おもにそうしたことのいじめの中心になっていたみたい！」

とは、達彦の報告。

私は、このいじめが急に始まったのではないように思えたので、

「良子を見ていると、とても暗い。良子にとって前からイヤなことがあったんじゃないのかい？」

と、聞いてみました。

すると、

「先生は五年生のときは担任していなかったから知らなかったと思うけど、五年の開校記念日の時も、女の子たちが遊びに行ったけど、その時もいじめる計画があったみたい」

との話が出てきました。

男の子たちの話を整理すると、次のようなことでした。

①動物園に行く時に、良子一人だけおいていくとか、向こうで無視するなどの「いじめの台本」があったこと。
②その台本をつくったのは、四~五人の女の子で、その中心メンバーは、百合子と君江の二人であること。
③五年の開校記念日の時にも、いじめの計画があったこと。
④六年になってもいじめが続いていたこと（五年でもあったが……）。
⑤六年になってのいじめは、次のようなものであること。
・良子が口をつけた水道は、「きたない！」といって、飲まないようにする。
・教室のうしろにスダレがあるが、そのスダレを良子がさわったりくぐったりすると、スダレをさわらないようにしたり、わざとよけたりしたこと（シラミがいるとのうわさから）。
・良子のことを「くさい！」とうわさしたこと。
⑥それらのいじめについては、良子を除く一二人の女子全員が関係していること。
⑦女の子一二人がおもしろがってやり、それをまねするように、男の子数人もやるようになったこと。
⑧動物園の件は、男の子では明、女の子では友紀が止めたため、実現しなかったこと。
⑨いじめの存在について知っていても、止める子がほとんどいなかったこと（いじめを知らない子も五~六人いたが……）。

こうしたことがすべて語られたのち、私は、

「そういういじめが存在することについて、どう思う?」

と、男の子たちに聞いてみました。

すると、「恥ずかしい」「おかしい」などの返事が返ってきたのです。その返事にホッとしながら、私は次のような話を熱っぽく語りました。

「良子のように君たちがいじめられたら、どうだい？　いやだろう。こんなの絶対許せないよな。こんなふうに、だれかがイヤな思いをしたり、悲しい思いをするクラスは、クラスなんて言えない。ここで、君たちががんばらないと、このクラスはいつまでも良くならない。

五年の時、けっこうゴタゴタあったらしいけど、少しずつクラスはよくなってきている。ここで、このいじめについてしっかり話し合い、『いじめは許さない』という雰囲気をつくっていかなければ、クラスがもっと良くなっていくことはできない。

いじめを知っていて止めなかった子も、実はいじめていた子と罪は同じだ。この際、女の子に対して男の子がきちんと言っていくこと。それに、いじめていた数人の男の子は、『ぼくもいじめていたけど、もうしない』という内容の話を、みんなの前でしていくんだよ、自分の決意も込めて！　君たち男の子の力を集め、女子にキチンと要求していくこと。おかしいことはおかしいと言っていくこと」

そして、私は一人ひとりの男の子の表情を確認したうえで、「わかったね！」と声をかけました。すると、

「ハイ！」

と力強い返事が男の子たちから返ってきました。

このいじめ事件に、女子の全員が関係していたことは、私にとって大きなショックでした。特に、その中心者の一人に百合子が入っていたことは、口では言い表わすことができないほどのショックでした。良子の面倒をよく見ていると思われるメンバーの一人に、百合子がいたのですから……。

（３）「良子が死んだら責任とってくれるか？」

昼休みに男の子たちと話し合い、すぐさま五時間目に学級会を開きました。女の子は、なんだか少し落ち着かな

いようすでした。

　コの字型に机を移動させました。しばらくガタガタ音がしました。静まるのを待ってから、私はハッキリと、そして厳しい口調で言いました。

「女の子、今日は君たちにいちばん関係のあることを話し合う。なんだかわかるか！」

女の子の中の数人が、キョロキョロとあたりを見まわしています。

「女の子の中で動物園へ行く時、良子をいじめようという計画があったそうだけど、知っている子は立ってごらん」

　そういうと、女子の八人ほどが立ちました。それを見ていたある男の子が、

「何言ってんだよ。おまえだって知っていたはずだろ！」

と言い、結局、男子五人、女子一二人が立ちました。

　私は、女子一人ひとりに、どういう計画だったのかを問い詰めました。しかし、だれ一人として口をききません。下を向いて黙っているのです。ひと通り女子の全員を指名してから、私はクラスのリーダー的存在である千恵に聞くことにしました。千恵が口を開けば、ほかの女子も話すだろうと考えたからです。

「千恵、おまえは計画を知っていたよな」

「うん」

「どんな計画だ?」

「…………」

「動物園へ行ったら、無視するとかだよな。ほかにもあるだろう」

「…………。朝、一人だけおいていっちゃおうとか……」

「うん、ほかには?　どうだ、夏美」

続けてクラスのもう一人のリーダー的存在である夏美に聞いてみました。

「動物園へ行く案内のパンフレットを、あげないようにしようとした」

「そうだよな。特に先生がひどいと思ったのは、『いじめの台本』をつくった人がいたということだ。だれがつくったんだ？」

白合子と君江は、うつむきながら手を半分くらいあげました。

「そのほかにも、二〜三人いるよな！」

というと、二人の女の子が立ち上がりました。男の子に、

「オイ、おまえもだろ」

とうながされて立った子が一人、合計五人の女の子が立ちました。

「この件で『やめろよ！』と止めたのは、二人しかいなかった。これだけたくさんの人がいて、たったの二人だって……。そのうちの一人、明、意見はないか？」

明は、ゆっくりと立ち上がりました。

「ぼくも動物園に誘われた時、佐川さんから計画を聞いて、『そんなのやめろよ』といいました。でも、強くいったわけじゃないけど……」

ここで、私は次々に男子に発言させていくことにしました。男の子に意見をうながすと、「やりすぎだ！」とか、「ひどい」「女子は、おかしいんじゃないのか」というような意見を次々と述べてくれました。そうした意見を背景に、今度はふたたび女子に発言を向けました。

「でも、動物園のことだけじゃないよな。その前から女子の中で良子へのいじめがあったよな。言ってごらん」

するとと、今度はすべての女子が、自分のやった良子へのいじめを語り始めました。時々、

「おまえ、こういうこともやったじゃないか！」

と、男の子に別のことを指摘された子もいたにはいたのですが……。

　女子全員に言わせたのち、いじめに参加していた男の子数人に、

「いじめていたことについて、どう思うか？」

と聞いてみました。すると、どの子も真剣な顔で、

「悪かったと思う。もう二度としない！」

と発言してくれました。

「もし君たちが良子の立場だったら、どうするんだ。実はおれも、中学生の時にいじめにあったことがある。なぐられたり、けられたりと長く続いた。とてもつらかった。そうした経験があるから、おれには痛いほど良子の気持ちがよくわかる。よくいじめられて自殺する人がいるが、そのつらさがおれにはよくわかる。毎日いじめられるつらさを味わうより、死んだ方がましに思えてきてしまう。おれは君たちも好きだけど、良子のことも大好きだ。その大好きな良子がもし死んだら、どうしてくれる！　責任とってくれるか？　どうなんだ！」

　私は、男の子の発言につなげて、こう本気になって問い詰めました。いじめられたことのある私自身の経験から、そのつらさがよくわかるだけに、絶対に許せなかったのです。

　いじめていた子どもも含めて、クラスの全員が下を向いていました。特に、百合子と君江の二人は、とても落ち込んでいるようすでした。自分のやってきたいじめについての意味や重さが、やっとわかったようでした。

　私はここで、いじめられていた良子の口から発言させることを通して、良子自身を立ち上がらせる必要があると思いました。しかし、良子自身気が付かなかった内容も多く（良子のいないところでやられていたこともあったので）、大きなショックを受けたようでした。

「良子、こうしたことについてどう思う？」

と聞くと、良子はゆっくりと立ち上がり、真っ赤な顔でしゃべり始めました。

「私が知らないことがいっぱいあったので、びっくりしました。みんなは、そんなに私のことがキライなのですか……。私は、みんなをいじめたことはありません。それなのにどうして……。もう、いじめないでください……」

最後の方は涙声になり、聞き取れませんでした。机につっぷして泣く良子。それを見ていた百合子、君江など、ほとんどの女の子が泣いていました。

しばらくして、女の子たちに、「いつから、どんな理由でいじめ始めたのか」を聞いてみました。すると、次のようなことがわかったのです。

①三年の時、良子がよく人の物をとった事件があった。

②その時以来、良子は「どろぼう」といううわさが立った。

③そのため、いじめてやろう（こらしめてやろう）という雰囲気が生まれた。

④三・四年生はそんなにいじめが目立たなかったが、五年生になって、みんなでいじめ始めた。

子どもたちの集団への指導の難しさをいまさらながら感じた瞬間でした。

これ以後、いじめはなくなり、良子はとても明るくなりました。女子の雰囲気も、だいぶ変わっていきました。

（４）母親の切なさに胸がズキズキ傷んだ

私は、この「いじめ事件」について、すぐさま、その日の夜に良子の母親に電話をしました。共働きなので、夜でないとなかなかつかまらないのです。母親は、大きなショックを受け、涙声になりました。その母親との話し合いの中でわかったことは、次のようなことでした。

①五年生の時からいじめられていたのは、知っていた。
②三年生の時、良子が人の物をとっていたのも知っており、とらないように指導するとともに、良子が悪いことをしたのだから、しばらく言われるだろうけど、がまんするように言った。
③五年生の時も、「あなただって悪いんだから」と、ほかの子にいじめられてもがまんさせた。

私は、良子の母親に、
①クラスに指導したので大丈夫だと思うが、何かあったらすぐ報告してほしいこと。
②いじめられることに慣れさせてはいけない。イヤならイヤと言える子にしてほしいこと。
③いじめは、人権にかかわることなので、絶対に許さない姿勢で臨むこと。
という三点の話を最後にして、電話を切りました。

数日後、良子の母親から、次のような手紙が届きました。

お電話、ありがとうございます。五年生の時から友だちとの関係がうまくいってない様子は感じられましたが、本人がいじめに関する事をあまり言いませんでした。なぜ話してくれなかったのか聞きましたが、「いじめられている事を口にするのがイヤだった。早くこんな事が終わってくれたら良いのに」と思っていたそうです。話の中では「本当に耐えられなかったら、友だちとも先生とも話し合うからね」とは言っていたのですが……。

私が想像するよりも、もっと根深いいじめが続いていた事に驚いているのと同時に、つらい気持ちになりました。本人もつらかったと思います。

六年生になり、友だちの中にも自分からすこしずつ入れるようになり、上野動物園にも一緒に行く事になり、私は喜んでいたのですが、良子をいじめる台本があったと聞き、おもわず涙が出てしまいました。本人は、学校でのできごとを忘れるように、家庭では明るくはしゃいでいます。

話し合いの後からは、いじめられる事がなくなったと本人は喜んでいます。本当に良子のために、いろいろとありがとうございました。

今後も、家でも学校の様子に気を付けたいと思います。また何かありましたら連絡しますので、よろしくお願いします。


私は、良子の母親の手紙を読んでホッとしました。そして同時に、わが子がいじめられていたことを知った母親の切なさが伝わってきて、胸がズキズキ痛みました。もっと早く対処するべきであったと、つくづく思い知らされるできごとでした。

(5) 子どもたちの現状と教師にできること

クラスのある男の子は、このいじめ事件を話し合ったあとのようすをこんな文章にしてきました。


今日、良子さんのいじめのことについての話し合いがありました。最初、男子だけで視聴覚室に先生に呼ばれました。最初ぼくは、男子に対するお説教かなと思ったのですが違いました。それは、女子の事でもあり、クラス全員の事でもありました。

ぼくは上野動物園へ行く時、良子さんがいじめられていたと聞いて、まずヒドイとは思わず、そんなことしていたんだぁという受け止め方でした。でもクラスでだんだん話し合っていくうちに、ヒドイと思い、そしてだんだん自分も悪いことに気が付きました。泣いている人もいました。ぼくもなんだか悲しくなってきました。そしてみんなで話し合い、

「今度はしない」と先生と約束して終わりました。そして話し合いが終わりました。そのあと二〇分休みに女子が全員で、
「外に遊びに行こう」
と言っていました。ぼくはこういうのって、気持ちがいいなあと思いました。

この作文を読んでみると、最初のうちはいじめをあまりひどいことと考えていないことがわかります。また、「いじめられる本人が悪いのだからいじめられるのがあたり前」という感覚が背景にあることがうかがえます。だからこそ、こうしたいじめが起きたとも言えるのではないでしょうか。そうした子どもの現状を考えた時、いじめがあってもなくても、人の痛みがわかる子どもたちにしていくというのは、非常に大切な作業のように思えました。

ここで、私はこのいじめ事件をこのように分析しています。

①百合子も君江も、家庭の事情から、屈折した思いをもっていたのではないか。

②その二人を中核として、いじめが遊び感覚で広がっていったのではないだろうか。

③そのいじめが広がっていく際、良子が「どろぼう」なのだから、いじめられて当然という感覚があったのではないだろうか。

④また、そうしたいじめに対して、本気になってしかられたり、問い詰められたりという経験が、家でも学校でもなかったので、徐々にエスカレートしていったのではないだろうか。

現在私は、家庭崩壊とでも呼ぶべき状況が広がりつつあるように思えて仕方がありません。そうした中で、クラスの何人もの子どもの心がすさみ、そうしたすさみの感覚が、このいじめ事件の底を流れているように思えるのです。

君江の父母は、両親共に目が不自由なため、指圧師をしていました。それほどたくさんの客が来なかったため、苦しい生活をしていました。その生活を間近で見ていた君江は、小さい時から家の手伝いや食事作りなどを賢明にしていたのです。それは、健気さを通り越して、痛ましささえ感じてしまうほどでした。「君江ちゃん、プールに行こう！」「君江ちゃん、一緒にディズニーランドに行かない」そうした誘いがあるたびに、「ダメ！　家の手伝いがあるから……。」と断り続けました。君江には、小学生らしい生活が許されなかったのです。だからこそ、鬱屈した思いやイライラを溜めていったのだと思うのです。

百合子は、中学校受験のストレスをためこんでいました。両親にはこの事件を伝えませんでした。伝えることで、親子の関係が悪化する可能性があったからです。ですから、本人の気持ちを十分聴き取り、「イライラすることがあったら、僕に話すようにすること」と伝え、二度としないことを約束させました。百合子は、クラスの中でも成績がトップです。そのため、近所の人に、

「百合子ちゃん、中学校受験するそうだけど、きっとすごい中学校に行くに違いないわよね。」

と言われていました。両親からの期待や近所からの圧力などが、百合子への大きなプレッシャーになっていたのです。

また、私は君江の家を家庭訪問し、今回の事件のあらましを話しました。うろたえ、必死になって謝る両親に、「君江に頼ることが悪いことだとは思っていません。ただこれを機会に、君江に少しでいいから子どもらしい生活をさせてあげてくれませんか。」

とお願いしました。君江の両親はわかってくれ、君江が友だちと遊びに行くのを大分おおらかに見てくれるようになりました。その後、君江はイライラした様子が少なくなり、明るい表情で放課後遅くまで友だちと遊ぶ姿を見るようになりました。君江は、そのことをまだ覚えてくれているようで、今でもフェイスブックを通じて、近況を知

らせてくれます。

確かにいじめは、決して許されないことです。しかし、いじめをする側にもそうせざるを得ない状況や思いが存在することも考える必要があるのです。

こうした事件が起きるたびに、教師は「子どものことが信じられない」という思いが膨らみます。それでも、子どもを信じ続けるしかないのだと思います。何度でも信じ続け、何度でも子どもたちと話し合い、子どもたちへ語っていくことが大切なのです。

大人不信・人間不信に陥っている子どもたちを、学級の中にたくさんかかえている現状の中で、私たち教師が子どもたちをどこまでも信じ続けていくことが、子どもを変え、親を変えていく大きな力になるに違いありません。「いじめが相互依存の関係で成り立っている」と言われますが、そうした「いじめによる相互依存」などというのは、とても悲しい関係ではないでしょうか。一人ひとりの子どもを大切にし、やればできるということを教えていくことが、まわり道のようですが、いじめを解決していく近道なのではないかと思っています（「1　子どもの本当の心が見えない」の文中の名前は、すべて仮名としました）。

2　子どもの思いに近づく

子どもたちを長い間担任してきて、「いじめ」とまでは行かなくても、「いじめの芽」とでも言うべき状況は、数多くありました。また、他者への気遣いをし、それに疲れながらもそうせざるを得ない子どもたちの様子をも見ることがありました。

いじめ事件を解決した数年後に、四月当初から陰口がひどく、誰かしらが泣いたり言い合いをする五年生の学級を担任しました。その他には、学校からの帰宅途中で一人の子どもを公園の土管の中に閉じ込めるという事件もありました。また、毎日のようにカッとなって他人を殴ってしまう子どももいました。

まずは、すぐに手を出してしまう子どもについて話し合いをしました。その時のことを、本人は次のように書いています。

ぼくのことについて話し合ったこと

新島　譲（仮名　五年）

この前、ぼくがすぐにカッとなることや、何もしていないのにぼくに悪口を言う人がいるということについて、ぼくと先生とみんなで話し合いをした。

最初に、ぼくに悪口を言われたり、暴力をされた人を先生が聞いた。そうしたら、クラスの半分以上が手を挙げていた。

「うわ〜、ものすごく多いや。」

と思いました。でも、

「これだけ多く手をあげさせてしまったのは、自分のせいなんだな〜。」

と思いました。

次は、ぼくが何もしないのに悪口を言った人を、先生が聞きました。先生が、その人たちに、

「新島君が何も言っていないのに、悪口を言ったんだな。」

と聞いたら、

「うん。」

と答えていた。

こういうことを確かめてから、きまり（約束）を考えた。ぼくが守らなくちゃいけないきまりは二つで、みんなが守らなきゃいけないきまりが一つになった。

　そして、先生が次に話したのは、ぼくが一人っ子で、お母さんが看護師をやっていることだ。あと、ぼくが小さい時から一人っ子なので、人とのコミュニケーションの取り方がわからないので、友達と遊ぼうと思った時に、人をたたいて自分の方を向かせようとしていることなどを話した。最後に、

「だからみんなは、そのことを理解して新島君と遊んで下さい。」

と先生が言った。

　だから帰る時に、

「遊ぼう。」

とか、

「一緒に帰ろう。」

と言ってくれた人がいたので、とてもうれしくなった。ぼくは、

「先生がみんなにぼくのことを話してくれたので、良かったなぁ～。」

と思いました。そして、

「増田先生は、いい先生だな～。」

と思いました。


　譲のお母さんも、前々から譲が人をすぐにたたいてしまうことに対して気にしていました。ですから、この話し合いをする前に、どのようにしたら良いか、家庭の様子をどの程度まで話したら良いかを、十分打ち合わせしておいてからの話し合いだったのです。

　私はこの時に、譲のことを丁寧に語って聞かせました。

「いじめ・陰口・暴力追放宣言」	→	そのための方法
①いじめ・陰口は、人を傷つけるからやめよう。 ②ちょっとしたことで、すぐに手を出すのはやめよう。 ③一人ひとりが、いじめ・陰口・暴力をしないように努力しよう。	→	①イヤなことは、イヤと言おう。 ②いじめ・暴力を見たら、止める。 ③陰口を聞いたら、注意する。 ④陰口を聞いたら注意し、それでも直らなかったら、みんなに知らせる。

図4　いじめ・陰口・暴力をなくすために

「譲のお母さんは、看護師をしていて、とても忙しい。だから、一人でいることが多く、淋しい思いをしている。淋しいからこそ、みんなとつながりたいと思っているんだよ。でも、自分の方を向いてもらいたいという思いが強いほど、うまくコミュニケーションがとれず、人をたたいてしまうことが多くなってしまう。そうした淋しさについては、先生自身も経験があるからよくわかるんだよ。君たちだって、毎日のように一人で過ごしていたら、淋しくて仕方がなくなるよね。」

子どもの行動には、必ず、そうせずにはいられない思いが背景にあるのです。そのことも含めて理解することが、「人を深く理解すること」につながっていくのです。こうした荒れた学級だからこそ、そうした理解を進めていくことが大切なのです。

これをきっかけとして、学級のいじめや悪口をなくしていきたいという思いが、一挙に高まっていきました。その機会を逃さず、一週間後に学級全体で話し合いをしました。詳細は省きますが、「陰口を通して、どれほどイヤな思いをしている人が多いか」「いじめられた側は、どのような思いでいるのか」などを、言われたりやられた当事者から語らせていきました。何人もの子が語ってくれたことによって、そのつらさが学級全体に共有されていきました。

二時間続けて話し合い、その結果として図4のような「いじめ・陰口・暴力追放宣言」が行われました。

宣言と方法をみんなで決めて、終わりました。これを機会に、いじめはなくなり、陰口や暴力も少なくなっていきました。その時に出てきた詩は次のようなものでした。

A君

川田　弘（四年）

A君は調子がいい。
だれかとケンカをした時も、
チョロチョロ
無関係な人についていって、
「あの人って、むかつくよねー。」
とかずうずうしく言う。
そうやって
自分の味方を作ろうとしている様子は、
ずるいようにも思うけど、
判断が出来ない
かわいそうな人だとも思う。

この詩は、子どもたちにかなりにインパクトを与えました。そして、悪口を言うことが恥ずかしいことだという雰囲気が広がり、陰口や暴力も全くなくなっていったのです。そして、学級全体が劇的に変わっていったのでした。

クラスに問題があることは、とても大変なことです。しかし、問題が起きるからこそ、子どもたちの中に潜む成長課題がハッキリするのです。問題発生は、指導のチャンスなのです。そして、大きく子どもを変えていくチャンスだととらえることが必要なのです。

第4章
「おしっこ事件」から特別支援教育を学ぶ

服を切る翔太

夏川明美（三年）

私は今日、
洋服を翔太に
切られそうになりました。
気がついたので、
「ヤメテ！」
と言いました。
そしたらやめてくれました。
その後翔太は、
ションボリしていました。
私の言うことが
わかってくれたのかな？

1　自閉症の翔太との二年間

（1）「こいのぼり」の詩から

翔太は自閉症です。始業式当日、目が合わないだけでなく動き回っていました。三年生になってすぐのことです。

「いやだ、やめてよー。」

という女の子の声が教室にひびきわたりました。見ると、翔太がとなりの席の女の子の洋服をハサミで切ろうとしていました。

「ダメだよ、翔太！」

そう私が言うと、翔太は、

「ぼくね、となりの裕子ちゃんと話したかったんだもん。」

と言うのです。どうやら翔太は、服を切ることがいけないことだとわかっていないようでした。


その後も、同じようなことが続いたので、私はしかたなくハサミを取り上げてしまいました。でも、他の子どもとうまくコミュニケーションがとれないことをどのようにしていったら良いか、途方にくれてしまいました。

大変だったのは、体育の時間です。みんなが体育をやっているのに、目をはなすとすぐにいなくなってしまいます。幸い、学校から出ることはないのですが、学校の裏手に行ってしまったり、校庭の隅の道路ぎわに行ってしまうのです。私の学校の東側は坂になっており、学校から道路が見下ろせます。その道路には結構車が停車しています。

一番問題になったのは、翔太がその道路に向かって石を投げてしまうことでした。時には、片手いっぱいぐらいの大きさの石を投げます。ある時、その投げた石が停車している車のボンネットにあたり、へこませてしまったことがありました。小さい石だったので、ちょっとしたへこみですんだのですが、持ち主がどなりこんできました。校長と相談した結果、補助の先生をつけてもらうことになりました。すぐには無理だということで、三学期からつくことになりました。それまでは、安心して体育の授業と図工の授業ができる状態ではありませんでした。

また、翔太は四月から五月にかけて人のものを毎日のように隠しました。教室のロッカーのスミに隠してあったり、時にはトイレの掃除道具の中に隠してあったりしました。また、人のノートに落書きをよくしました。勝手に人のノートを開いて、鉛筆でグチャグチャと書きなぐるのです。やられるのは女の子が多かったのですが、中にはべそをかく子どももいました。でもよく見ると、翔太にやさしい子どもや翔太が気に入っている子どもに数多くちょっかいを出すことがわかってきました。翔太が気に入っている子どもから物を取った時、「そんな翔太はキライだよ。」と言われました。すると、とたんにショボンとするのです。その変化の大きさといったらありませんでした。

そんな翔太が、はじめて書いた詩が、次のような詩です。

こいのぼり

吉田翔太（三年）

雨がふると
矢車とぼうだけ。
こいのぼりがないと、
さみしいな。

翔太がはじめて書いた「こいのぼり」という詩。読んでいて、なんだかジーンとしてしまいました。詩として見事なだけでなく、なんだか翔太の心が見えてくるような気がしました。人と関わりたいけど関われない翔太。ここで描かれているこいのぼりは、翔太なのではないかと思いました。

人のノートに落書きをしたり、いたずらをしたり、人の服をハサミで切ろうとしたり、物を隠したりと、あきれるほどいろいろなことをしてくれました。そうしたことに対して、私は何度か、お父さん・お母さんの二人と話をしました。お父さんはまっすぐ私の目を見つめながら、そしてお母さんは少し涙ぐみながら、話を聞いてくれました。

結局、このままいっても他の子どもが翔太のことをイヤがるようになるだけなので、「障害についての理解を深めよう」ということで、次のような記事を紹介しました。

夏休みが悩み、自閉症児の母（声）

主婦　岡田由佳理（埼玉県　32歳）

子どもにとって待ち遠しい夏休みが、親には負担に感じる場合があります。障害児を抱える我が家では、行き場を失ってしまうのです。

子どもが自閉症だとわかってから、ずっと訓練の日々です。学校、家、病院での療育づけです。でも、障害がある以上、普通の人のように振る舞えないのです。

夏休み中、学校のプールが利用できる日は限られます。市民プールなどでは、そのルールを理解できない多動の息子は、どんなに教えても同じことを繰り返します。「どうして、こんな所に連れてくるのか」とか「親が目を離すな」と、本当によく怒られます。

体に不自由がない息子を連れた私たちは、他人の目にはしつけのない親子と映るらしい。どこに行けば、子どもは怒られず、白い目で見られないのですか。行く所がほしい。家にばかりいると、パニック状態になり、私の手に負えないこともしばしば。「自閉症バッジ」でも何でもいい。「こういう子なのか、しょうがないね」と言われても良いです。そういう子が多くいて、親子とも、とても努力していることを、少しでもわかってもらえたら。お願いです。障害児の振る舞いを許してほしいのです。

（「朝日新聞」二〇〇一年六月一四日投書欄より）

この記事を通して、みんなで考え合っていく中で「一人ひとり個性があるのと同じように、翔太の自閉症という障害も個性なんだ」とわかっていってくれました。

翔太は、なんと言ってもこわがりです。普段と違う機械的な音が聞こえたり、あまり見ない生き物に対してこわがります。そんな翔太が書いてきたのは、こんな詩です。

ヤモリ

吉田翔太（三年）

ぼくはヤモリをつかまえなかった。
二階の四じょう半のへやの
まどの所にいた。
ヤモリが入ってきた。

ヤモリは目がこわかった。
雨戸をちょっとあけたら、
帰っていった。

（2）「おしっこ事件」から学ぶ

翔太について一番大きな問題は、廊下で小便をしてしまうことでした。便所に入らず、廊下におしっこをまき散らしてしまうのです。それを注意すると、今度は水道におしっこをする。それを注意すると、今度はバケツにおしっこをするのです。何度注意しても直らないので、仕方なく再びお母さんと相談しました。すると、

「うちの翔太は、機関車トーマスが大好きです。ですから、機関車トーマスのシールを便器の所に貼ってみて下さい。」

とのアイディアを出してくれました。そこで、機関車トーマスのシールを学校の便器の所に貼り、

「ここが翔太の便器だよ。ここでしようね。」

と言い聞かせました。しかし、何日かはその機関車トーマスのシールが貼られた便器でしたのですが、再び廊下で小便をするようになってしまいます。そのたびにクラスの子は、

「先生、また翔太が廊下でおしっこしたよ！　くさいよ！　なんとかして……。」

と言ってきます。正直、ほとほと困ってしまいました。

そんな時に書いたのが、次の詩でした。

パニック

吉田翔太（三年）

ぼくはおこられた時
勉強がむずかしかった時
花火がなった時
かねがなった時
夜のおやつがない時
犬にほえられた時などに

泣いたりさけんだりする。
お母さんがおこって、
ぼくにマグロをさせる。
上向きにねっころがって
動かないのがマグロだ。

ぼくはマグロはイヤだ!
だからぼくは
「やらない!」
と泣く。

この「パニック」という詩を見るとわかるように、かなりお母さんも翔太の対処に困っていたようでした。この詩を読んで、「なんとかいくらかでも学校で翔太を変えていけないだろうか?」と本気になって考える日々が続きました。そして、「廊下で小便をする」という問題を解決していく方法を模索してみました。

私は、「わからないことは子どもに聞く」という原点に戻ってみることにしました。そうはいっても、翔太は自分がどうしてパニックを起こすのか、またどうして便所でおしっこができないのかをうまく説明できません。そこで、次の二つのことを決まりごととしました。

①おしっこは、行きたくなくても二〇分休みと昼休みには必ず行く。
②おしっこに行く時には、先生と一緒に行く。

翔太は、私と一緒ならお便所に入れるのです。一緒に翔太と便所に行く日々が一週間ほども続いたころでしょうか。翔太がお便所に入った時にイヤに窓の方を向いてこわがっているのです。隣で一緒におしっこをしていた私は、

「翔太、何がこわいの?」

と聞いてみました。私には、どうしても窓が普通に見えるのです。

そこで私は、少し背を縮めて翔太の目線の高さにそろえました。すると、窓に怪物があらわれたのです。便所の

くもりガラスの外側は、ほこりで汚れています。その汚れが、翔太の目線から見ると、日が当たって怪物に見えるのです。髪の毛が逆立ち、口を開け、キバをむいた奇妙な怪物の姿。私は、

「これだったんだ！」

と思いました。

窓の外側をきれいにふき、

「翔太、先生が怪物を追い払ったよ！」

と言ったら、ニコッとしました。

また、私の学校は古い学校なので、お便所が暗いのです、蛍光灯の数を増やしてもらうということもしてもらいました。その結果、翔太はきちんと便器でおしっこができるようになったのです。このことを通して、「自閉症という障害のみに目をうばわれるのではなく、子どもの目線に立ってみることで見えることがある」ということを改めて知ることができました。

そして私は、「生き物がこわいこと」「お便所に行けない理由がわかったこと」「翔太から学ぶことが僕も多いこと」などをお父さんとお母さんに話しました。お便所が行けるようになったことで、翔太のご両親は、少し安心してくれたようでした。

この話がもとになったかどうかはわかりませんが、二学期になって、翔太の家では猫を飼うことにしました。名前を「チャチャ」と言います。そのチャチャのことを、翔太は少しずつ詩にしてくるようになります。

最初はこわごわと手を出していたチャチャに対して、翔太はだんだんかわいくなったのか、どんどんかまうようになっていきます。しかし、チャチャの都合にかまわずつかまえたり、抱きしめたり、引っぱったりするので、翔太の手や腕はひっかきキズだらけになりました。腕などは、キズのない部分の方が少ないくらいです。しかし、翔

太はチャチャとの関わりの中で、「ひっかかれたらイタイこと」「ネコであっても、自分の都合だけで接してはいけないこと」などが徐々にわかっていったようでした。それは、学校でも良い方向に向かわせる結果につながったようでした。気に入った女の子をかまったり、ひっぱったりするのは変わらないのですが、ハサミで服を切ろうとしたりするなどの行為は少なくなっていきました。

また、三学期から翔太専属ではありませんが、体育と図工に補助の先生がついてくれました。丁寧に対応してくれ、私自身も安心して授業を進めることができるようになりました。当然、翔太も前よりは落ち着いて授業が受けられるようになりました。

少しずつ落ち着いてきた翔太。その様子が、詩にも少しずつ表れるようになります。

水たまり

吉田翔太（三年）

石を水たまりに投げると、
円ができる。
大きな石を投げると、
ジャボーンと音がして、
大きなまるができる。
いっぱい石を投げると
なんこもまるができる。
遠くからは水たまりに入らない。

おそう式

吉田翔太（三年）

ひいおじいちゃんが死んで、
おそう式に行った。

ひいおじいちゃんの家なのに、
ひいおじいちゃんがいない。
ぼくは悲しかった。

翔太は、二学期から三学期にかけて、少しずつ変わっていきました。自分の気持ちが少しずつとけ込んだ詩が生まれてくると同時に、「イヤなことはイヤ！」という意志が表現できるようになりました。ここに出てくる「おそう式」の詩は、本当に見事です。「ひいおじいちゃんの家なのにひいおじいちゃんがいない」という部分に、詩的な表現を感じることができます。

（3）要求が生まれてきた翔太（四年一学期）

翔太は、計算が得意です。クラスで計算に取り組むと結構早く終わるのです。そのたびにほめていました。その成果が少しずつあらわれ、三年生の後半では、立ち歩くことがなくなり、授業を聞く場面が多くなりました。そして、少しずつイヤなことにも挑戦する姿勢が見られるようになっていったのです。

少しずつ成長した翔太が四年生に進級しました。四年生になって、翔太が一番うれしそうな顔をしたのは、とび箱がとべた時でした。三年生の時は、みんながとび箱をとんでいても、体育館の壁際を走り回っていました。たまに気分がのった時にとんだりしても、とび箱の上に乗るので精一杯でした。

しかし、少しずつ挑戦する姿勢が生まれてきた翔太が、五月にやったとび箱の授業では自分なりに練習に取り組んだのです。そして、ついに四段のとび箱を見事にとんだのです。クラスの子どもたちは、みんな目を丸くして拍手していました。

とび箱がとべた

ぼくは四時間目にはじめて
とび箱の四段がとべた。
最初は足を広げなかったから
とべなかった。
何回かやったらとべた。
ぼくが四段をとべてうれしかった。
五段も六段もとびたいなー。

吉田翔太（四年）

翔太がとび箱をとべた時のことを、お母さんに伝えたところ、とても喜んでくれました。この時から、翔太の中に要求が生まれていったのです。そして、次々と自分の要求を込めた詩や気持ちを込めた詩を書くようになっていったのです。

ねているお父さん

お父さんが会社から帰ると
つかれてねちゃう。
うつぶせになったり
あおむけになったり
おなかを出してねている。
おなかを出してねていると、
ぼくがおなかをしまってあげる。
かっこ悪いから……。
一緒に遊びたいから起きてほしい。

吉田翔太（四年）

長い電話

吉田翔太（四年）

お母さんが電話していると
ごはんがおそくなる。
お父さんが電話をしても
なかなかおそい。
ごはんがおそくなると、
さびしいなと思う。

少しずつ要求が生まれてきた翔太。その変化に、私は本当にうれしさを感じることができました。そして、「どの子も発達していくのだ！」という思いを強くすることができました。

（4）翔太っておもしろい（四年二学期・三学期）

二学期になり、翔太は運動会で自分なりに頑張ることができました。三年生の時には、フラフラしてあまり練習に参加しなかったのですが、四年生のロックソーラン節では、なんとか練習についていき、当日見事踊りきることができました（練習でわからない時にはフラフラしましたが）。

少しずつクラスの子どもたちとの関係がうまくいくようになり、翔太への理解が進んでいくのを感じていました。そうした中で、翔太が学校の火災報知器のボタンを押そうとする事件が二学期の九月に起きました。その時のことを、他の子がこんな詩にしています。

翔太っておもしろい？

石川小百合（四年）

この前翔太が、
火災ほうち器の
非常ボタンを押そうとした。
だからだれかが先生に言ったら、
先生が翔太に

「ダメだよ！」と言った。

そうしたら翔太が
「〝押せ〟と書いてあったんだもん！」

と言っていた。

私は大笑いした。


子どもたちは、翔太が火災報知器のボタンを押そうとするのを見て、

「先生、大変大変。翔太が火災報知器のボタンを押そうとしていた！」

と言って、翔太をつれてきました。私は翔太に、

「押したら大変なことになるから、ぜったい押したらダメだよ！」

と強く言いました。その後、

「どうして、火災報知器のボタンを押そうとしたの？」

と翔太に聞いてみました。すると翔太は、

「だって、〝押せ〟と書いてあったんだもん！」

と言ったのです。そばにいた何人かの子どもが、

「そういえばそうだなー！」

と大笑いしました。

そして生まれたのが「翔太っておもしろい?」という詩です。この詩を通信に載せてみんなで読み合ったところ、クラスのほとんど全員が廊下にとび出しました。そして、火災報知器を見たのです。すると、黒いボタンの上に透明なアクリル板があり、そこには『強く押す』と書いてあったのです。子どもたちは、

「ウワ～、本当だ!」

と大騒ぎです。そして、

「翔太っておもしろいなー。」

とか、

「もしかして、翔太ってものすごく素直なのかなー?」

などという声が子どもたちの中から出てきたのです。

この時から、クラスの子どもたちと翔太との関係が根本的に変わっていったのです。変わっていったというより、関係が組み変わったと言ってもいいぐらいの変化が起こっていきました。翔太は相変わらずのマイペースな部分がありますが、他の子どもたちの翔太を見る目が変わったのです。「おもしろい奴だ!」という目で翔太の行動をとらえるようになっていったのです。そのことが結果的には、翔太のより一層の落ち着きをつくり出していきました。そして、こんな詩を書くまでになったのです。

自転車

吉田翔太(四年)

自転車に乗っていて風がふくと
止まっちゃうことがいっぱいある。

スピードを出しても
風がふいて止まっちゃう。
風にかこまれて進む方がいい。

三年生の最初に書いた「こいのぼり」という詩と、今回の「自転車」という詩を読み比べると、明らかに違ってきているのがわかります。「自転車」の詩の方が、すごく温かい感じがするのは私だけでしょうか。

また、梓という女の子は、こんな詩を書いてきました。

翔太はおもしろい

内山 梓（四年）

翔太はとてもおもしろい。
この前英語の先生が来た時に
名前としゅみを言うことになった。
翔太がしゅみを言うとき、
「アイライク、ドラヤキ！」
なんて言ったので、
みんなにバカうけした。
本当におもしろかった。

ＡＥＴ（Assistant English Teacher）の先生が来た時、授業の中で趣味を英語で言うことになりました。順番だったので、翔太もあてられました。そしたら、「アイライク、ドラヤキ！」と言ったのです。他の子は大笑いです。「しゅみじゃないじゃん！」

なんて言いながら、みんなが楽しんでいます。言ったあとはずかしかったのか、まわりを走り回り教室の隅に行きました。翔太とみんなとの温かい関係が育ってきたように思えた瞬間でした。

翔太とクラスの子どもたちの関係は、劇的に変化していきました。なんといっても大きかったのは、翔太以外の子どもの認識の変化です。

（5）二次障害を起こさせない

障害のある子どもは、どうしても批難の的になりやすいのです。例えば、かの有名なトーマス・エジソンは、質問ばかりしたり、スペルの間違いが多かったりと、今の学習障害の要素と言われるものがありました。また、トム・クルーズは、学校の頃、bとd、pとqの区別ができず、高校までLDのための特別学級に入っていましたし、友だちからいじめにあったこともあるそうです。

もともと持っている障害を一次障害とすれば、他の子どもたちや親・教師・地域の大人から文句を言われたり、怒られたりすることで、「自分はダメな人間なんだ」「価値のない人間なんだ」と思い、他者とのコミュニケーションを遮断したり、他人に対しての憎しみを深めたりしていくのが、二次障害です。

今大事なことは、二次障害を起こさせないことなのです。「君の持っている障害は、個性なんだよ」と、とらえ直させることが必要なのです。もちろん、このことはとても難しいことです。

しかし、二次障害を起こさせないことで、ADHDやLDの子どもたちの力が発揮されることがあるのだと思うのです。ここで紹介した翔太は、言葉が少ないがゆえに〝詩人〟です。彼の力をうまく伸ばすことができれば、〝詩人〟として自信をつけてあげることができるかもしれません。

障害のある子どもほど、悩んでいます。親も悩んでいます。そうしたことに対して、私たちがあゆみ寄っていくことが大切なのだと思うのです。

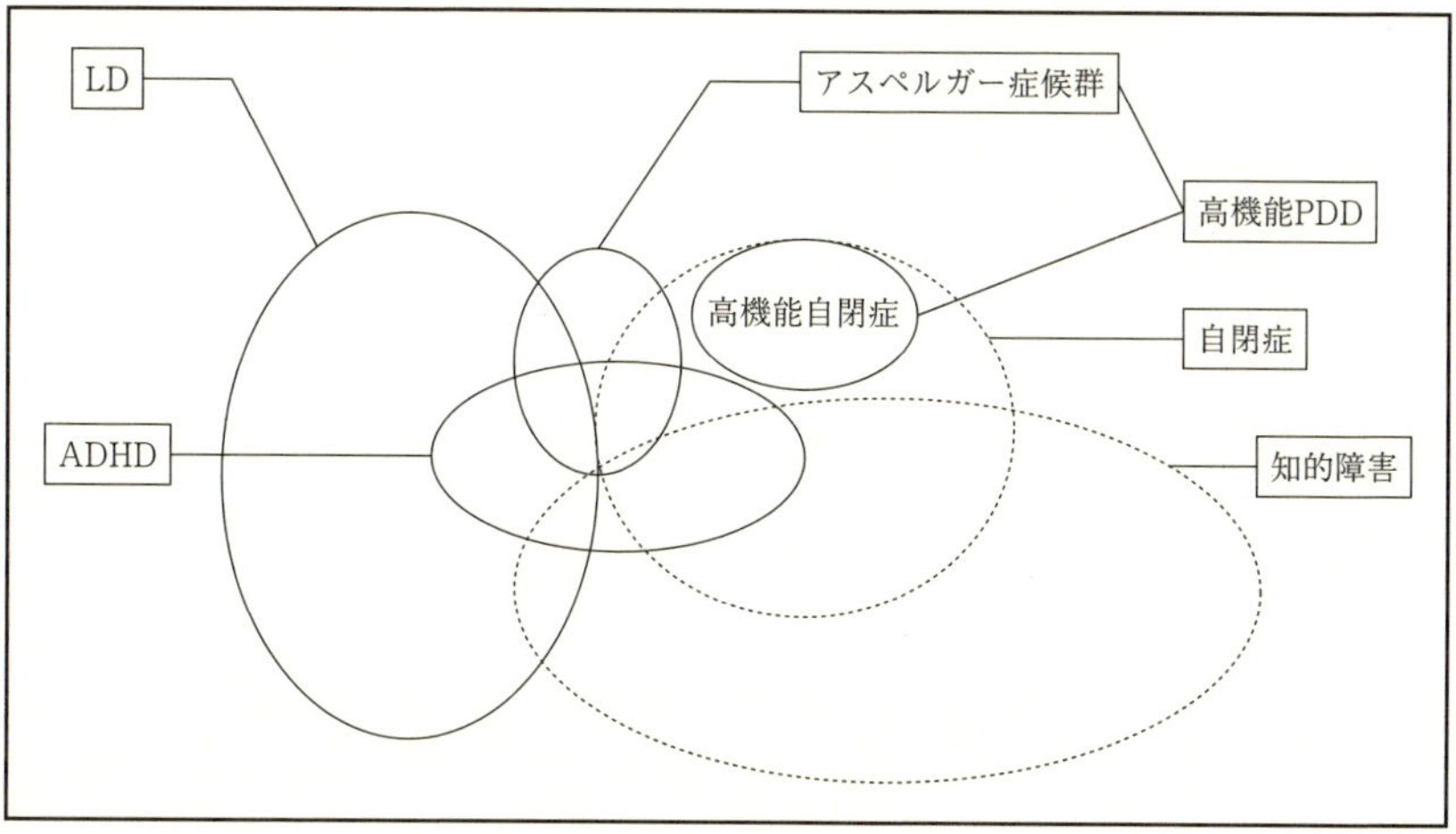

図５　障害の全体構造図

（出所）篠崎純子・村瀬ゆい『ねぇ！　聞かせて、パニックのわけを』高文研、2009年

２　「発達障害の子どもへの支援」一〇の技

学級の中で「支援が必要な子ども」を学級に抱えることは、想像以上に大変です。

子どもの障害には様々な種類があります。図５を見て下さい。

ここで、いくつかの障害を簡単に説明したいと思います。

○ＡＤＨＤ

「注意欠陥多動性障害」と言われるもので、注意力に欠け、衝動性や多動性を特徴としています。社会的な活動や学業に支障をきたす場合が多く、七歳以前に現れることが多いと言われています。

○ＬＤ

「学習障害」と言われ、知的発達に遅れはないのですが、聞く・話す・書く・計算する・推論するなどの能力のうち、特定のものの習得と使用に著しい困難を示します。

○高機能自閉症

「他人との社会的関係の形成の困難さ」「言葉の発達の遅

れ」「興味や関心が狭く特定のものにこだわる」などを特徴とする行動障害です。この中で、知的機能の発達の遅れの伴わないものを言います。この高機能自閉症のうち、「言葉の発達の遅れ」が目立たないものを「アスペルガー症候群」と言います。

こうした障害のある子どもの中で、この図に見られるように、いくつかの障害を合わせ持っている子どもを、「重複障害」と言います。

しかし、こうした図を見たり、説明されてもピンとこない方がほとんどだと思います。障害が診断されたからと言って、特別支援が必要な子どもを抱える学級の困難さが軽減するわけではないからです。もちろん、医者と連携しながら、薬による改善を図るのも大切です。これから先は、具体的な事例に基づくその重要な対処方法を一〇個(まだまだありますが……)、あげていきたいと思います。

(1) 子どもの障害の特性を理解する

私が担任した自閉症の子どもは、なぜか気分の浮き沈みが激しいのです。今日は比較的穏やかだなと思えば、次の日は駄々をこねたり授業中に大声でさけんでいるのです。どうしてなのか、当初はその理由がわかりませんでした。しかし、気が付いたのは、「晴れの日」と「雨の日」は機嫌が良いのです。最悪な時は、雨の降る前日や前々日なのです。つまり、低気圧がくるとダメなのです。「そんなのあるのかな?」と思いつつ観察していると、確かにテレビなどで低気圧が近付いているという天気図などが示されると、機嫌が悪いのです。

そのため私は、毎日のように新聞にのった天気図と朝のお天気ニュースだけは見るようにしました。そうすると、「あっ、低気圧が近付いてきているな。そろそろ機嫌が悪くなるかも……」と、予想がつくのです。予想がつくと、当然心構えもできるので、パニックを起こした時などにも冷静に対処できるし、次の手を打ちやすいのです。

もちろん、この子どもはこうした障害の特性を持っていたということです。しかし、学級の中にいる障害のある子どもをよく観察してみてほしいと思います。必ず何かしらの特性を持っているはずです。それがわかるようになると、気持ちが楽になります。

（2）子どものパニックのわけを考える

授業の合間に、粘土で女の子二人と遊んでいたT君。チャイムがなって、続きは昼休みにしようね、と話して終了しました。上手に遊んでいるので安心していたのですが……。

給食の時間、「今日は図書室でお話会があります」というお昼の放送があり、二人の女の子はお話会に行きたいと思ったので、T君に「お話会に行くから昼休みは遊べなくなった」と話しに行きました。すると、「昼休みは粘土するって言っただろう！」とT君が激怒したのです。女の子に後ろから跳び蹴りをしました。そして、「このうそつき女！」「一生うそつくんだろう！」「うそつきは二度とこの教室には入ってくるな！」等々、叩きながら暴言をはき続けていました。

担任がT君の近くに行ったところ、T君は担任に向かって怒りをずっと話し続けました。何に怒っているのかがよくわからなかったのですが、聞いてもらったことで怒りはおさまり、近くにいた友だちと粘土をし始めて落ち着くことができました。

このT君に対して、担任は話を聞きながら、「絶対の約束なんかなかなかないよ」「途中でしたことを変えたい時もあるよ」とアドバイスしたのですが、聞く耳を持ちません。とにかくあいづちを打ってほしいようなのです。

この例に見られるように、パニックになってしまう子どもには「自分で決めたルール」があることが多く、それを破ると悪態をついたり、暴力をふるったりすることが数多くあるのです。女の子二人に我慢させてT君に付き合わせるか、T君のパニック状態を止めるかに悩んでしまいます。前もってできるだけ学校で共通理解を図っておき、どの先生でも暴力行為に対しては、まずは止めるということを第一に優先させる必要があります。次に、T君の話を十分聞いてあげることです。なぜなら、こうしたパニックを起こす子どもは、大人に頭ごなしに怒られることが多く、「自分の話を聞いてもらえた」という経験が少ないからです。パニックのわけを聞く時にも、まずは肯定的に受け止めてあげることがポイントです。その上で、落ち着いた頃を見はからって、「こういう対応をしたら良かったのにな……」という行動療法的な言葉がけをしていくことが大切なのです。

（3）自分で決めたルールがある

その学校では、給食後に歯磨きをする習慣になっています。その歯磨きが終わってから掃除を始めるまでに一五分ほどしかありません。口をゆすぎに行き、片付けて机を後ろに移動させて、としているうちにどんどん時間が過ぎ、掃除が始まってしまいました。この一五分間は、掃除を始めるまでの準備時間として位置づけられているのですが、A君は一五分の間を休み時間として位置づけているのです。そのため、自分が遅くて時間がなくなったのにもかかわらず、休み時間がなくなったことに対してクラスの子どもたちに文句を言うのです。「おまえらがうろうろしてさっさとしないから、おれが机を片付けられなかった」「掃除が始まったじゃないか、どうしてくれるんだ！」と泣きながら叫び始めました。大体の子は聞き流して掃除を始めましたが、何人かが「みんな一緒よ」「おれらだって今から掃除だよ」と言い始めました。見ているうちにどんどんA君の表情がこわばり、（やばい）と思った瞬間、やっぱり手を出してしまいました。げんこつでその子どもの背中や肩を連打です。その子どもから引き剥がすような形でA君を離れさせました。

こうした形で、掃除に遅れたのはA君が悪いのですが、その時に自分のやりたいようにできないことでパニックを起こし、その責任を他者に転嫁してしまいます。まさに、自分で決めたルールがあるのです。いや、自分自身がルールだと言っても良いのではないかと思います。

そのルールについて話を聞きながら、「君が決めたルールはわかるけど、そのルールに従わないからといって殴るのはおかしいと思わない。自分だって、他の人が決めたルールに従わないからといって殴られたら痛いでしょう！」と諭していくようにすることが一番です。自分の決めたルールが絶対ではないことと、学校のルールを基本にすることを、あきらめずに話していくことが大切です。

（4）目に見える形で予定を書く

障害のある子どもが一般の学級に入った時に一番困るのは、生活リズムが一定ではないということです。例えば、「一時間目は必ず体を動かす」という具合に、一週間が帯状のカリキュラムだと良いのですが、一般の学級ではそうはいきません。毎時間授業内容が違いますし、予定が急に変更になります。予定が急に変更になると、障害を持っていない子どもであっても、不安になるものです。

ですから、その子の机に一日の予定表を貼るなどの方法をとると良いのです。特に、特別な変化や行事などは赤字で書いて、目に見える形にすることが大事です。あるいは、できるだけわかっている予定は黒板に書いたり、紙に書いて貼って全員にわかるようにするという方法も良いのではないかと思います。

一日の予定だけでなく、テストの予定とか運動会の練習内容の予定などといった一週間単位での予定を書くことも大切です。ただし、「予定は変わることもある」ということも一緒に伝える必要があります。こうした一日単位や一週間単位での予定がわかるだけでも、障害のある子どもは落ち着くことが多いのです。

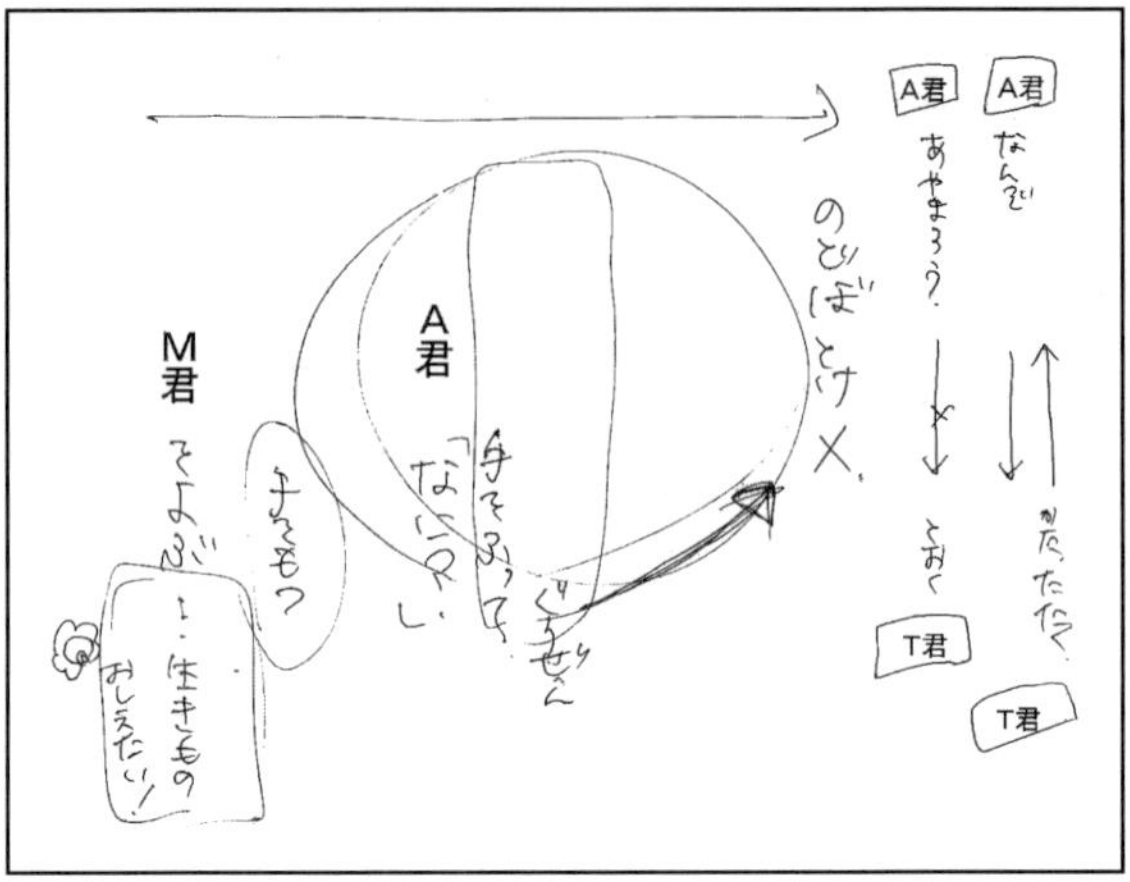

図6　事情の図式化

（5）トラブルのいきさつを書く（成長をほめる）

そのクラスでは、T君がよく興奮してケンカになります。子どもたちに聞いても、どうしてケンカになったのかが、よくわからないことが多いのです。そこで、「けんかのいきさつを書く」という方法をとることにしました。つまり、ケンカをした時の状況をみんなで明らかにしていく、という作業を実践してみると良いのです。

T君が泣きながら、「A君が、いきなりのどぼとけをたたいてきた。殺す気だ！」と叫んで教室に入ってきました。A君も「あたっただけなのにT君がたたいてきた」と泣いていました。二人の話を聞いても言いたいことしか言わないのでよくわからなかったのですが、そのうちM君の名前が二人から出てきたので、M君を呼んで事情を聞いてみることにしました。

その時に事情を聞きながら書いたのが、図6です。

結局、T君が、同じ生き物係のM君に、カニがかつおぶしを食べているのを教えたくて手を握った時に、近くにいたA君が自分が呼ばれたと勘違いして振り返り、手がのどに当たったということだったのです。

しかも話には続きがあって、その後A君はあやまろうとしてT

君に声を掛けたのに、T君は周囲にいた人に殺されると叫んで回って近くにいなかったし、急に戻ってきたと思ったら肩を叩き返し、A君も腹が立った、ということだったのです。黒板に書いて、みんなで確認しながら進めていったので、お互いに落ち着いて仲直りすることができたのです。

こうしたトラブルの時には、「いきなりケンカになった」という形になりがちです。しかも、私たちから見れば「そんなことぐらいで……」と思うことや「ちょっと理解に苦しむ理由だな～」と思える時もあります。しかし、こうしたトラブルの始まり・途中・最後までの様子を目に見える形で、クラス全員が理解していくことが必要です。そうすることで、「障害のある子どもには、その子どもなりの理由があること」「どうしたらトラブルを少なくすることができるか」ということを、クラスの子どもが学ぶようになるからです。

また、T君のトラブルを全体で整理するだけでなく、その他のトラブルについても、同じように整理していくと良いのです。また、トラブルだけではなく、様々なできごとについても、このような形で黒板を使って整理していくと良いのです。

その結果、どの子どもも「物事を整理していくとはどうすることか」が見えてくるようになるのです。それを、作文につなげていったら、どうでしょうか。きっと、作文の力が育っていくはずです。T君のことだけにとどまるのではなく、そのことをきっかけとして作文教育にまでつなげていく。そして、「T君のおかげで勉強になったし、作文の書き方がわかってきたわ」と担任やみんながほめたらどうなるでしょうか。きっと、T君のトラブルはぐっと減っていくに違いありません。「困っている子ども」の問題を解決するだけでなく、「困っている子ども」の持ち味を学級づくりに生かしていくぐらいの柔軟さが必要になってきているのだと思うのです。そうでないと、担任は精神的にまいってしまいます。

また、こうしたことを繰り返していくことで、必ず、障害のある子どもも他の子どもも、成長していくことができます。そして、トラブルが必ず少なくなっていくものです。そうした時に、「最近の○○君は、ずいぶんトラブルが減ったねー」とか「運動会の練習で、よく頑張っていたね！」という形で、成長の具合を誉めてあげることで、相乗効果を生んでいきます。

（6）「できる量」「できること」を自分で決めさせる

D君は、集団の中でうまくいかないことがあると、途端に怒り出して教室を飛び出してしまいます。授業中でも、D君にとって不本意な活動の変更等があると、怒り出して教室を出ていきます。一度は、「漢字の書き取りの量が多い」と言って上靴を履いたまま学校を抜け出して道路の歩道橋を渡って行ってしまいました。しかし、教室の窓からクラスの友だちに発見されると、すぐに引き返してきました。

担任の先生はクラスの子どもたちに、

「誰でも逃げ出したくなることあるよね。D君、自分で気付いて戻ってきたから、もう出て行ったことは言わないであげようね」

と声を掛けておき、D君が教室に帰ってくるのを信じて待ってみることにしました。クラスのみんなも「おかえり～」と言っているので、D君も拍子抜けした様子で、その時はむすっとしたまま席に着きました。休み時間になって話に来たD君に、自分できちんと帰ってきたことを誉めました。

そして、その先生は「漢字の書き取りだけど、どのくらいの量ならできる?」と聞いてみました。また、「今日の体育倉庫の掃除、自分でできると思う?」などと聞くようにしたそうです。つまり、「できる量」や「できること」を自分で決めさせていくようにしたのです。そうやって、担任とD君が約束し、それをクラスの全体に伝えるようにすることで、D君は落ち着いていきました。「どの程度ならできるか?」ということを自己決定させることが、障害のある子どもには大切なのです。

（7）子どもの目線に立ってみる

すでに「1　自閉症の翔太との二年間」で紹介したように、お便所で翔太の目線に立って窓を見た時に、窓に怪物があらわれます。その怪物を追い払ったことで、翔太は変化していくのです。

このことを通して、「自閉症という障害のみに目をうばわれるのではなく、子どもの目線に立って見ることで見えることがある」ということを改めて知ることができました。

（8）特別支援への理解が浅い先生にもわかってもらう

F君が二学期の終わり頃、下校途中にトラブルを起こしました。下校の準備をしようと学年で集まっている時に、口ゲンカから友だちを蹴ってしまったことがきっかけでした。学年主任の先生は、かなり厳しいだけでなく、特別支援への理解が浅い方でした。以前からF君のことに対して、「担任が甘いからトラブルを防げないのではないか」と言われました。何度も接し方にコツがいると話してきたのですが、あまり理解はしてくれませんでした。F君が、主任に言い返したり、聞く態度が悪かったりしたということで、注意されている内容がどんどん脇道にそれていったそうで、主任とF君の言い合いになってしまったのです。

その時にF君の担任のY先生がその場に到着したのですが、そのころにはF君のパニックは絶頂で、他の学年の子どもたちの前で大声で叱られて傷ついている状態でした。さらに、主任は担任が来たことでF君を引き渡し、最後まで指導しませんでした。担任でも話を聞くことが困難なほどのパニックでした。ずっと文句を叫び続けていたので、仕方がないので一度きつい口調で「止まりなさい」と言われるとびっくりして止まりました。そのすきに

「何があったの？」と改めて聞いてみました。すると、順序よく話すことができました。その前に、トラブルになった子どもたちにだいたいの話の内容を聞いておきました。その子にも非があったので指導をしておいたので、そのことを伝えると多少は落ち着いて帰ることができました。

家に帰る途中で、F君の祖母が、ぐずぐずと泣いて帰るF君を見つけて話を聞いたそうで、学校に電話を掛けてきました。教頭が出て、学年主任にクレームを言われたとのことでした。主任は解決していないのでどのような指導をしたかは担任から聞いてくれと伝えたとのことでした。F君の担任のY先生が後から電話をすると、母親が出てきて様々な話をしました。その際に母親から、特別支援というほどではないけれども、F君は面倒なタイプだと思う、そのような子どもにあった指導を担任以外の方にもしてほしい、という要望が出ました。「いろいろな先生にわかってほしいので、共通理解できるような窓口はないだろうか」と言われ、特別支援教育部（名称は違っても、だいたいの学校に存在している）があることをY先生は伝えました。

Y先生はすぐに時間を合わせて話し合いをし、F君の困り感について理解してもらって、職員会議のときにF君の様子と接し方を伝えました。また、そのことを保護者にも伝え、両親・担任・校長・特別支援教育コーディネーターとで共通理解を図ることができました。

特に先生方には、F君が友だち関係でとても悩んでいて、困った時に大人に話し掛けられるととても落ち着くので、話し相手になってほしいことをお願いしたのです。

F君のような口がたつタイプの子どもの場合、その子ども本人がどの程度困っているかが伝わりにくい（F君がわかっていないはずがないと思ってしまう）のです。また、「ただのわがままだから、きつく指導した方が良い」と言った意見を持つ教員も少なくありません。だからこそ、特別支援に理解が浅い先生にも、同じように子どもに接してもらうように話していくことが大切なのです。

（9）言葉のニュアンスの違いを学ばせる

特別支援が必要なＧ君とＫ君が、授業の合間にケンカをしてしまいました。お互いに悪かったと思ったらしく、謝ろうと近付いてはケンカをして謝れないでいました。そのまま昼休みになり、外で遊んでいる時に、Ｇ君が意を決してドッジボールに「入れて」と言い、それが聞こえた友だちには「良いよ」と言って入れてもらえたそうです。特に理由もなかったそうですが、「Ｋ君のチームね」と言われ、とっさにＧ君は「いやよ」と答えてしまいました。理由を聞くと、「いきなり近くに行ったら、またケンカをしてしまうから」ということでした。Ｇ君は、Ｋ君と仲直りをしたくて、でも勇気が少し足りずに、少し遠いところで同じ遊びをしたかったそうなのです。しかし、そこまで説明できてはいませんでした。「いやよ」だけを聞いたＫ君は、そんなに自分と遊びたくないならと、「ケンカになるから、あっちいけ」と言ってしまいました。これで大ゲンカになったそうです（図７）。

結局、教室に帰って、周りで遊んでいた男子ほとんどに状況を説明してもらい、こうだった、いやこうだったと事件の流れが見えてきました。

女子に客観的に見てもらうと、

「二人ともケンカをしたくなかったのに、どうしてケンカになったのかわからない」

という意見が出ました。そこでＧ君とＫ君はお互いに気が付き、（言い方の違いや、本心がわかる言葉を選べていなかったね）（友だちを傷つけないような言葉を選ぶことができていなかったんだ）という結論に至ったのです。

その後、次のような話をしました。

①６時からようじがあってあそべない

②６時までだったらあそべる

意味は同じだけど、言われる身になると、「気持ちのいい断り方と残念な気持ちになる断り方があるよね」と言

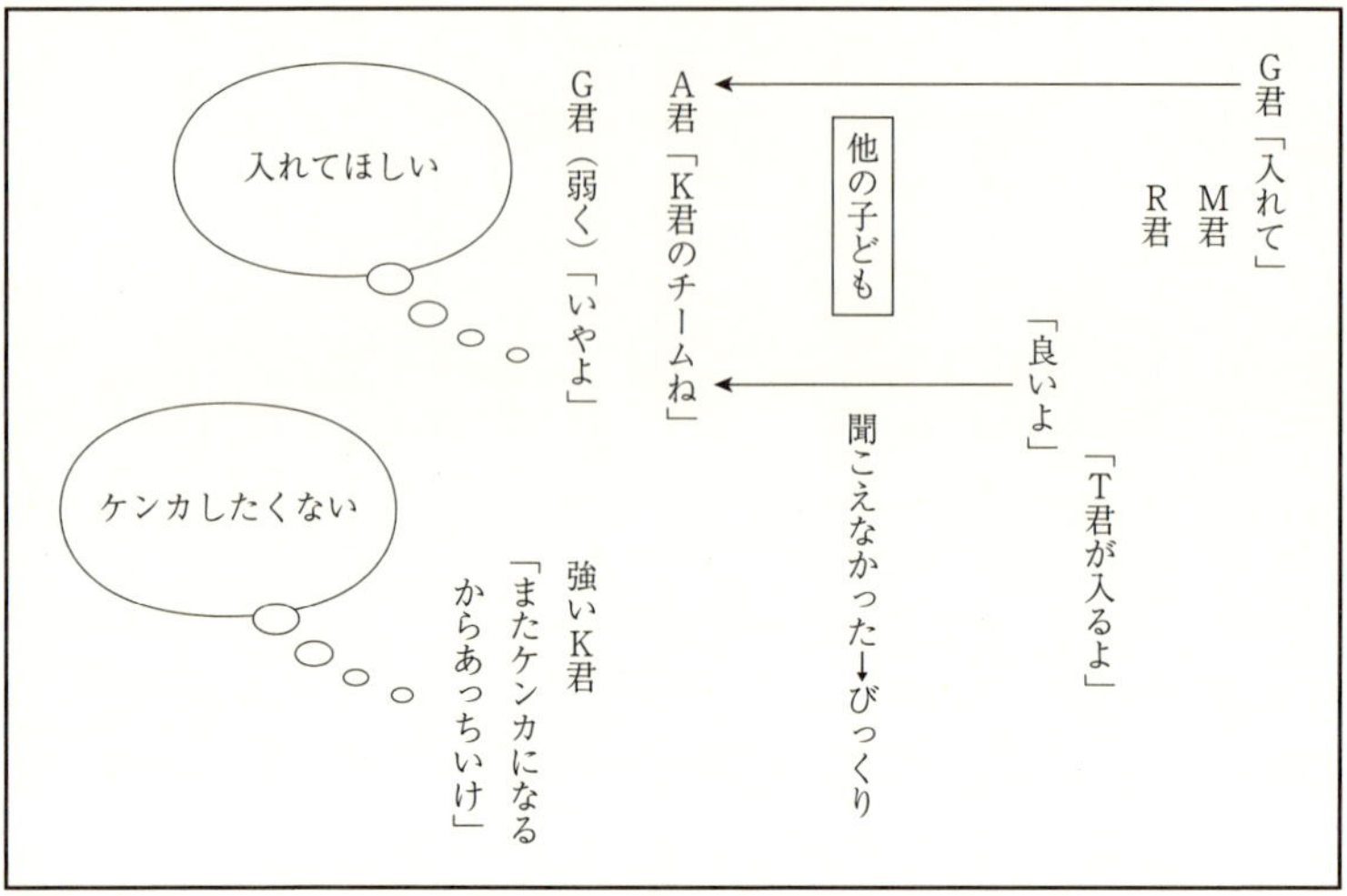

図7　トラブルの状況図（その時の板書）

い、「どっちだったら、言われても気にならないかな？」と尋ねると、全員が②を選びました。

こうしたささいな言葉のニュアンスの違いがわからないのが、特別支援が必要な子どもの特徴なのです。そして、それが、感情のすれ違いを生むこともよくわからないのです。言葉のニュアンスの違いをわからせることが、大きな課題なのです。

(10) 社会への適応力を育てる

新聞に掲載された「夏休みが悩み、自閉症児の母（声）」については、翔太のところで紹介しましたが、障害のある子どもは、どうしても様々な批難を受けます。それは、社会への適応力が低いからです。

障害のある子どもは、白か黒かの二者択一の世界に生きていることが多いのです。しかし、社会というのはそんなに簡単に割り切れるものではありません。むしろ、白と黒の間のグレーでまとまることが多いのです。そのグレーの部分を理解させていくことが、社会への適応力を育てることになるのです。これが一番難しいのですが、今まで紹介したような方法を使いながら、「グレーの世界もありだな」と思わせることが少しでもできたら成功だと言えるのではないでしょうか。

第5章
学級崩壊クラスに笑いと笑顔を

まとまってうれしかった

矢部美代子（六年）

六年生の最初はとてもうるさいし、
授業があまり進まなかった。
はじめは、
「こんなイヤなクラスや学年ってないな！」
と思っていた。
そんな状態だったのに、
みんなで卒業に向けて協力し、
畳六枚の共同版画を
仕上げることができた。
今ではこんなすばらしいクラスや学年って
めったにないなって
思えるようになった。
最後の最後でみんながまとまって
うれしかった。

1　穴あきプリントを使って

学級がうまくいかない、授業が成立しないという先生方が多くなっています。そうした学級に共通して言えることは、子どもたち同士がぎくしゃくしていること。そして、笑いがないことです。

よく学級の黒板の上に「みんな仲良く」という学級目標がかかげられていますが、そうした標語をかかげることで仲良くなるようだったら、教師はいらないのではないでしょうか。みんなが仲良くなるためには、相互理解が必要なのです。相互理解が進んでいくことで、子どもたち同士のぎくしゃくした関係が改善されていくのです。

学級がうまくいかないという先生は、次の穴あきプリントをやってみて下さい。子どもたちに受けること間違いなしですし、子ども同士の関係性や子どもと教師の関係性が変わっていくことを実感できるのではないでしょうか。

□にどのような言葉が入るか、ぜひ考えてみて下さい。同じ番号には、同じ言葉が入ります。

（1）小さい頃の失敗を描いてみよう

①□　　富山鈴歌（三年）

私がようち園の時、
休み時間に
①□をしてしまった。

おおぜいに見られたから、
すごくはずかしかった。

ほいく園の時に

井上夢香（三年）

四～五才の時、
ママかパパと
バス遠足に行った。
動物園でカンガルーの所を
通れるのがあった。
そのカンガルーの所を通ったら、
列でならんでいた
私の前の男の子が、
②
泣いていた。

動物トイレ

五十嵐立樹（三年）

ぼくが三才の時、動物園に行った。
そしてトイレに行ったら、
③がいた。
ぼくはそれを見て、
④をがまんして帰った。
そして友だちに言ったら、
「そんなの平気だよ！」
と言ってトイレに入っていった。
数分がたったら、
友だちが⑤帰ってきた。
それがあと二回続いた。
そのうち全員が⑥

小さい頃のこと

秋山千鶴（三年）

私が小さいころ、
デパートのトイレに入った。
そしたら全部ふさがっていた。
だから私が、
「こんこんこん、
　だれかさん。
［⑦　　］をしているね。」
と歌った。
そしたら、
「［⑦　　］ができました。」
と聞こえた。
だれかと思って見ていたら、
私の友だちの
高木やすよちゃんだった。

［⑧　　］の上で

涌井　恵（六年）

私は小さい頃、
「アルプス一万尺小槍の上で」を
「アルプス一万尺［⑧　　］の上で」と
歌っていた。
［⑧　　］のうえに乗って踊るのだと
思っていたらしい。
［⑧　　］さん、かわいそう…。

（2）よくある聞き間違いの詩

お母さんの聞き間違い

比留間千尋（三年）

お兄ちゃんがトイレでお母さんに
「海の水の重さは、どのくらいだろう？」

と言った。

お母さんは、

「なに？［①］の重さ？」

と言った。

お母さんより私の方が遠かったのに、

「海の水の重さ」

とちゃんと聞こえた。

お母さんは、

［②］しか思いつかないのかなー？

それともただ
耳が悪いだけなのかなー？

せんきょの車

白鳥香帆（三年）

このごろせんきょの車が
たくさん通る。

いろいろな人の名前を言っている。

よく聞いていると、

「よろしくお願いします。」

「［③］ありがとうございます。」

と言っていたから、

「［③］あげるのかな？」

と思った。

お姉ちゃんに聞いたら、

「④　　って言ってるんだよ。
⑤　　することだよ。」
と言った。

「③　　あげなくてよかった。」

と思った。

紙ハンガ

福島綾華（三年）

ゆりなちゃんから電話がきて、

「紙ハンガって
⑥　　　　?」
と聞かれた。
「いちおう持っていった方が
いいんじゃない。」
と言って電話を切った。
お兄ちゃんは
「学校で⑦　　なんて
やったことないよ。」
と言っていた。
図工の教科書を見たら
紙版画だった。
こう太が、
「じゃあ、⑧　　持ってくるの?」
と聞いた時
増田先生が「はぁ?」と言った意味が
やっとわかった。

今日のおやつに
⑨　　のポテトチップス

安達　萌（四年）

ポテトチップスを食べた。

そして夜にママが、

「今日は［⑨　］のとりすぎだね。」

と言った。

そしたら妹が、

「［⑨　］のポテトチップスッ。」

と言った。

妹はわざと言ったのじゃなくて、
本当にそう思っていたようだった。

（3）こんなことってある？

［①　］

富山鈴歌（三年）

私がごはんを食べていた。
そしたらいきなり、
お姉ちゃんがくしゃみをした。
そしたら［①　］が出てきて、
私のごはんの上にのった。
すごく気持ち悪かった。

痔になった

石附裕次郎（三年）

このあいだの昼休みに、
タイヤとびをしていた。
そしたらタイヤの上に
石がおいてあって、
それがおしりの［②　］に
つきさって
痔になったようにいたかった。
そのことをお母さんに言うと、

「それ、本当の痔じゃないの?」
と言った。

それから二日後、
お母さんが［③　］を買ってきた。

紙がなかった

富山鈴歌（三年）

私が少し前に
かばさん公園のお祭りに行った。
そしたらおなかがいたくなった。
だからトイレに行った。
そしてうんこをして

ふこうとしたら
［④　　］がなかった。
だからその［④　　］の
［⑤　］でおしりをふいた。
今思うと、ちょっとバカだと思う。

ママのオナラ

鈴木優花（三年）

「ゆか、ゆか、ここ見てー。」
とお母さんが言った。
だから近くに行ったら、
ママがオナラをした。
そしてママは自分のオナラを
「［⑥　　　　］」

と言った。
それに、
「オナラは［⑦　］だよ。」
と言った。
先生、本当にオナラは
［⑦　］なの?

(4) 家族が笑う瞬間

誕生日

長川　翼（三年）

一一月二二日は
ぼくの誕生日だ。
一年に一回
丸くて大きなケーキが食べられる日だ。
だけどケーキのろうそくを
おどり出すんだよな～。
しかも同じ歌を何度もくり返すので、
それがとても長い。
②［　　　　　］

消すまでが長いんだよな～。
「ハッピバースディー」の歌を
うたってくれるのはいいんだけど、
歌にあわせて
①［　　　　　］が
ねむくなってしまう。
来年の誕生日は、
③［　　　］でいいよ～ぅ。

おなら

富山鈴歌（三年）

私がピアノをひいていたら、
お父さんが
④［　　　　］にあわせて

おならをした。
お母さんと私が、
大笑いした。

タクシーをよぶ時

石井美沙紀（三年）

家族といっしょに
おでかけしました。
そしてお父さんが
お酒をのみすぎて
よっぱらったから
みんながお父さんを助けて
私がタクシーをよぶ係でした。

私がタクシーをよぶ時、
本当は
「へい、タクシー」
なのに
「へい、⑤［　　　］」
と言ってしまった。

どんな言葉が入りましたか。まずは、入れてみて下さい。そして、子どもがワイワイといろいろなことを言うのを楽しんでみて下さい。回答はこの章の最後で紹介しますが、この言葉以上のものが出てきたら、「すごい！」といっぱいほめてあげて下さい。

「紙ハンガ」の時には、クラスのみんなで連絡網を使って、みんなが「あした、ハンガー持って行く?」と聞きまくっていたそうです。ちゃんと、帰りの会で紙ハンガを説明したのにもかかわらずですよ。そして、翌日、なんとクラスの半分近くの子がハンガーを持ってきたのです。思わず、笑ってしまいました。

（5）穴あきプリントを使って生まれた詩――コメントを大きなきっかけに

さて、こうした穴あきプリントを使って、学級がうまくいっていない状況のクラスはもちろん、普通の学級をいくつか使って、詩の授業を実施してみました。すると、子どもたちはどの子も楽しそうに取り組んでくれました。そして、いろいろな詩が生まれていったのです。そのうちのいくつかを紹介したいと思います（プライバシーに配慮し、ここに出てくる詩の全てが、同じクラスで生まれたものではありません。意図的に、いくつかのクラスをまぜています）。

学級通信の形にし、できるだけ多くの子どもの作品を掲載し、その一つひとつにコメントを入れました。子どもたちは、詩を読んで大笑いし、コメントを読んでまたまた大笑いしていました。

犬のふん　　A君（三年）

ぼくは保育園の時、
チョコレートが好きだった。
お母さんと道を歩いていたら、
道ばたにチョコレートみたいのが落ちていた。
それをさわった。
見ていたお母さんが、
「それは犬のふんだよ」
と言った。
ぼくはそれを聞いて、
うんこのついている手を
思いっきりふった。

「犬のふん」の詩、おもしろいなぁ～。思わず大笑いしてしまいました。
　僕も小さい時、犬のふんが指についてしまったことがありました。その時、パニック状態になって、一生懸命指をふっていたら、机の角に指をぶつけて、思わず口の中に入れてしまい、うんこがついた手だということ

そしたら頭の上に、
犬のふんがのってしまった。
しばらく手がくさかった。

チーン

B君（四年）

ぼくが夜おそくまでゲームをしていた。
あきたのでそろそろねようとして、
ふとんに入ろうとしたけど、
目がいたくて前が見えなかった。
机の角にちんこを思い切りぶつけて
しばらくねむれなくなった。

石けん

Cさん（四年）

私が二～三才のころ、
石けんを食べてしまった。
すごく泣いて
口からあわがぶくぶく出てきた。

に気がついて、「オエーッ！」と気持ち悪くなったことを覚えています。

この詩、けっさくですね。でもイタソ～！もう大丈夫ですか。
今度ぶつけた時は、言って下さいね。トクホンをいっぱいいっぱい貼ってあげますからね。

こんなこと、よく覚えていたねー。口からアワが出るなんて、手品ですね。

特に子どもたちにうけたのは、「犬のふん」のコメントです。「ウワ～、すげぇー。」と言いながら、目をキラキラさせていました。子どもたちに、「また次の詩を書いてみよう」という意欲を持たせる大きなきっかけは、教師のコメントです。「このコメントは、きっと子どもたちに大受けするだろうな」と思うものが書けると、次の日がワクワクしてきます。「どんな反応をするかな?」と楽しみになるのです。教師自身がそうしたワクワク感を持っていなければ、子どもは次の詩を書こうという気にはなりません。私は、コメントを考える時に、次の三種類の方向性を考えながら書くようにしています。

①子どもの詩よりも、もっとおもしろいコメントを考え、子どもたちの心を開放させる。
②子どもの詩だけではわからない部分があるので、それを補足したり説明したりするコメントを書くことで、子どもの詩や子ども自身への深い理解へつなげていく。
③子どもの詩と教師のコメントの両方を読むことで、多様な視点を知り、詩への理解が深まるようにする。

さて私は、これらの詩から考えられる詩のテーマを次のようにいくつかあげて、提示しました。すると、一回目の授業で「そんなのやってられるかよー」などと言いながら詩を書こうとしなかった子ども（クラスの雰囲気を崩す方向で文句をいつも言う）も、大喜びで取り組んでくれました。その際私は、次の中から、書けそうだなと思うものを選んで書いてみるように伝えました。

きっと、いろいろなものがまざって、なかなかアワがこわれなかったかもしれませんね。

①最近ちょっと恥ずかしかったこと
②「言い間違え」や「聞き間違え」で起きたできごと
③すっごく痛かった話
④お父さんやお母さんをよ～く見てみると（自分が失敗すると……）
⑤「こんなことってあるの？」というような、驚いた話
⑥何でも良いから気がついたこと

2　テーマから生まれた詩

私は、子どもたちの詩を読んで、「これならありそうだな！」という共通体験を考え、テーマ設定をしました。書きやすいというだけでなく、子どもの実態からスタートした詩の指導になるからです。子どもの生活から離れた時には、やはり生き生きした詩は生まれてこないのです。
さて、このテーマから生まれた詩をいくつか紹介したいと思います。

ボールが……

D君（三年）

お父さんとキャッチボールをした。
じゅんちょうにやっていた。
ノックを打ってもらった。

そしたらボールがこかんにあたった。

テスト

E君（三年）

ぼくが家に帰るとテストがあった。
見るとお兄ちゃんのテストだった。
点数が悪くて、
帰ってきたらバカにしようと思った。
帰って来たときバカにした。

そうしたらお兄ちゃんとぼくが
同じ点数だった。
ぼくははずかしくて見せなかった。
くやしかった。

言い間違え

F君（三年）

ぼくは二～三才の時に、
「カブトムシ」を
「カンチョー」とおぼえてしまって、
カブトムシを取りにいく時に、

「カブトムシ取るぞー！」のことを、
「カンチョーをとりに行くぞ！」
と言ってしまった。

まだまだの部分がありますが、子どもたちは自分の本音の部分を出すようになっていきました。「失敗しても良いよ！」と言うのではなく、こうした詩を読み合うことで子どもたちが「失敗しても大丈夫なんだな！」と思えるようにしていくことが大切なことなのです。

こうした穴あきプリントなら、大変な状況にあるクラスでもすぐに使えます。学級崩壊の特徴は、「子どもたちの関係性が壊れていること」「教師が子どもとの感覚を受け入れていないこと（今の子どもたちの現状や思いから出発していないこと）」「誰か数人の強い子がいて、学級の雰囲気を牛耳っていること」などがあげられます。特に、強い子どもが牛耳っている場合が多いようです。だからこそ、そうした強い子どもも含めて、「失敗しても良いんだよ！」というメッセージを送り続けることや「正確な答えを求めない雰囲気の中で意見を出し合うことの楽しさを伝える」ことは大きな意味があると思っているのです。子どもは、なかなか大人の思った通りには、育っていかないものなのです。そのことを保障してあげることが、子どもの多様性や人格を尊重することにもなるのです。

こうした「穴あきプリントを使った詩の授業」は、学級崩壊を克服していったり、防いでいく一つの大きな処方箋になるのではないかと思うのです。

3　学級崩壊クラスでの授業づくりのポイント

（1）授業を途中であきらめた新井さん

女性教諭の新井先生は、現在五年生の担任をしています。そのクラスには、特別支援が必要な子どもが三人、すぐに友だちに手を出してしまう子どもが二人、人の話を聞こうとしない子どもが三人、虐待を受けていると思われる子どもが一人、家庭の困難さを抱えている子どもが三人といった具合でした。そのため、クラスの授業はなかなかうまくいきません。二学期末の教育実践研究会のレポートでは、その悩みを切々と書いてきました。正直、学級崩壊に近い状況でした。その彼女が、一月中旬の授業の様子をこんな書き出しから始まるレポートにまとめてくれました。

ふざけがきっかけになった国語の授業

新井春薫

「わははは。私の耳は貝だって〜。ビヨ〜ン。(手を耳にあてながら)」

「なみだが海なんだって〜〜。すげ〜。」

「魚いるの?」

三学期最初の国語の時間。残り時間が少なかったので、とりあえず音読の宿題ができるようにと、教科書に載っていた詩を読んだ。「詩の楽しみ方をみつけよう」という単元で、「紙凧」「ケムシ」「耳」「一ばんみじかい抒情詩」「光」「土」の六つの詩が書いてある。最初の「紙凧」という詩はよかったが、それ以降次々と笑いが起こった。

「比喩だよ。」

「たとえてるんだよ。」

「何それ。」

とにかくゲラゲラ笑う男の子たち。つられて笑う女の子たち。そして真面目に伝えようとする数名。

「次の時間にちゃんと教えてあげるからね。」

そういって授業を終わりにした。今までに比喩の詩を扱ったことはあったが、笑いが起こったのは初めてだった。教科書が新しくなり、私が初めて扱う詩もたくさん入っていたので、どう教えようかと考えながら迎えた初日だったが、たとえ授業時間が十分にあったとしても、私はここで授業をきっていたと思う。

(この子たちにどう教えよう……。)

（2）学級崩壊クラスでの授業の工夫

この授業が行われた日の夜に、教育実践研究会がありました。新井先生は、

「授業が大変だったんです。うまくいかないことがくやしくて……。なんとかこの教材でリベンジしたいんです。どうしたら良いですか？」

と言って、教科書のコピーを私に手渡しました。じっくりと教科書の六編の詩を読みながら、どのようにしたら授業が成り立つのかを考えました。まず私は、

「順番そのままやったでしょ。」

と聞いてみました。すると、

「そうです。読む順番なんて、考えもしませんでした。教科書に出てきた順番でやっていきました。」

と答えました。そこで私は、

「こうした授業がなかなか成立しない状況の時には、普通に授業をやってもだめなんだよ。どの詩から始めたら、子どもたちが授業に集中したと思う？　あるいは、どの詩をどのように使ったら、子どもたちが授業に参加してくれたと思う？」

と尋ねてみました。思いがけない質問だったのか、新井川先生や他の先生は考え込んでしまいました。私は、

「この『一ばん短い抒情詩』を使うと良いんだよ。この詩では、なみだが海というイメージにつながっていくわけだけど、その二つのイメージをつなげるのは、結構大変なんだよ。だから、ワンクッション置くと良いんだよ。」

と言いながら、丁寧に授業の進め方を教えていきました。箇条書き的に書きたいと思います。ちなみに、使ったのは次の詩です。

一ばん短い抒情詩

寺山修司

なみだは
にんげんのつくることのできる
一ばん小さな
海です

①最後の「海です」のところを、「水たまりです」と変えて提示すること
②題名から「一ばん小さな」までの四行は、模造紙一枚に書いておくこと。
③最後の一行は、別に模造紙で書いて磁石で貼れるようにすること。つまり、「水たまりです」と「海です」の二枚用意すること。
④「水たまり」を提示した時に、子どもたちは「アレ?」と思って「おかしいよ!」「ちがうじゃん!」といろいろ言ってくるから、「おかしくないよ」「じゃあ、水たまりから考えられるイメージを言ってみて」と言って、発言を促すこと。
⑤「水たまり」だと、「きたない」「小さい」「すごく浅い」などと出てくるはず。
⑥それと比較させるように、「海です」と入れ替えて、海のイメージを考えさせること。
⑦「きれい」「青い」「魚がいる」「広い」「深い」「大きい」などと出てくるはず。
⑧出てきた海のイメージの中で、「なみだ」とつながるものを考えさせること。
⑨その後、海となみだをつなげてイメージを広げていくようにすること

（3）授業記録から

新井先生が書いてくれた授業記録があるので、紹介したいと思います。

前回「海」のところで笑いが起こっていたので、今回は音読はせず、黒板に

なみだは
　にんげんのつくることのできる
　一ばん小さな
　水たまりです

と貼ってだまっていた。すると子どもたちは、

「あれ?」

「そこ、海じゃなかったっけ?」

と言ってきた。そこで、

「え、これじゃだめかなぁ。たくさん泣いたら、水溜りができると思うんだけど……。」

「でもやっぱり、海の方が良いよ。」（みんなうなずく）

「そうかぁ、みんなは海の方が良いと思うんだね。それじゃ、作者にも、きっと『海』にしたわけがあるよね。その理由を今日は考えていこう。」


そこでまず、子どもたちの「海」のイメージをたくさん出させた。

・広い（大きい）
・生き物がいる
・しょっぱい
・砂浜がある

・泳げる
・青い
・深い

次に、この中で、「涙とつながりそうなもの」を聞いてみた。皆異論なく「しょっぱい（しおからい）」は選んだが、消去法で「広い（大きい）」「深い」の二つが残った。この二つについて話し合っていくと、つながるということでまとまった。

「しょっぱい」はとても悲しい、とてもくやしいことを表す。「広い」は、広場という言葉があるように、たくさんのものがあるということだ。そして、「深い」は、くやしい、悲しいなどの感情が深く、たとえようのないほど、と考えることができる。

そこで、改めて本当の詩を見てみた。「海です」の一文をじっと見ながら、子どもたちは静かに考えている様子だ。「海」という言葉にいろいろな想いがこめられていることを理解したのだろう。

「人間が涙にこめた想いが、『海』という言葉につまっているんだね。」とこの詩を締めくくった。

感想に、「なみだと海の共通点はしょっぱいぐらいだと思っていたのに、こんなにあるとは思いませんでした。いろいろな意味が比喩にはあるんだなと思いました。」「最初はへんなこと言ってると思ったけど、ちゃんと意味があることがわかった。どの詩も深い意味があって、今日は全体的にしみじみできた。」「この詩を好きな理由は、『海』の一言には深い意味がこめられているからです。最初そんなにいっぱい大泣きしたのかなと思いましたが、今は『海』には人間の思いの全て、そして人生がこめられているんだと思います。」「私は、この詩をはじめて読んだ時、この短い文の中に、どうしてこんなにも大きな意味を持ったことを表せるのだろうか、と思いました。ですが、意味を一つひとつ考えると、海という言葉に作者の気持ちが入っていたのでびっくりしました。」

どの子どもの感想にも、昨日とのはっきりとした変化が見られた。私も、驚きと共に喜びを感じたが、読み取りの変化に驚いたのは、何よりも子どもたち自身だったように思う。最初大笑いしていただけに、この変化はあまりに大きかった。

この取り組みから改めて感じたことは、まずは教師自身の教材のしっかりとした深い解釈が必要であるということだ。そして取り上げる詩の順番を考えたり、「海」を「水たまり」に変えたりするなど、子どもたちにわかりやすく提示することでも、授業への入り方が全然違う。

そしてまた、どんなクラスの実態があったとしても、子どもたちの心に入る授業をすれば、引き込むことができるということを感じた。このできごとが、二学期の生徒の指導について考えることの多かった私にとって、一筋の光となった。

(4)「私的ないちゃもん」を「公的ないちゃもん」に

学級崩壊を起こしたり、授業が成立しない時には、子どもたちは授業の中で「いちゃもん」をつけたくて仕方がないのです。何かしら文句を言って、授業の邪魔をするのです。いわば、「私的ないちゃもん」と言って良いのです。その「私的ないちゃもん」を「水たまりです」という言葉を使うことによって、「おかしいよ!」「間違っているんじゃない」などという「公的ないちゃもん」に位置付けてあげることで、授業の邪魔をする子どもたちを引き入れる大きなポイントなのです。そうして授業の中に引き入れていきながら、「水たまりじゃいけないの?」とわざと開き直り、「水たまりだとどんなイメージ?」と問いかけることで授業にのめり込ませていくことができるのです。

授業というのは工夫次第で、子どもたちを大きく変えていく可能性を秘めているのです。崩壊したクラスであったとしても、大変な子どもたちを授業にいかに引き入れるかを考えることが大切なのです。

4 新しい荒れの形——「いじめ」と「学級崩壊」の同時進行

群馬県桐生市で、二〇一〇年一〇月二三日に、上村明子さん（小学校六年生女児）が自殺をしました。しかも、母親に贈るはずだった編みかけのマフラーを使って首をつるという痛ましい事件でした。

私はこの事件を新聞記事やテレビ等で知っていくうちに、大きな疑問にぶつかりました。それは、「自殺に至るまでにたくさんのシグナルが出されているのに、どうして解決に動かなかったのだろうか？」ということです。

例えば、五年生の途中から「汚い」と疎まれ仲間外れが始まったこと。明子さんが五年生当時に妹に渡したカードに「学校を消す」「うらむ人に今までやられたことをやりかえす」と書いていたこと。九月二八日の席替え頃から学級で気の合う児童同士で給食を食べるようになった際、自殺者の明子さんは一人で食べ、家族にいじめを訴えていたということ。班替えをしても、一人だったこと。あげたらきりがないほど、普通なら気が付くはずのたくさんのシグナルが出されています。

小学校教師を二二歳から二八年間経験した私にとって、これだけのシグナルがあれば何らかの処置をとるだろうと思えたし、学校で問題になるはずだと考えたからでした。それが放置されていたのは、明子さんの問題が、たくさんの問題に隠れて見えていなかったのではないでしょうか。つまり、学級崩壊状況に落ちいっていたとしか考えられなかったのです。

学級崩壊状況になると、子どもたちは次々と問題を起こすようになります。まさに、「同時多発テロ」のような様相を呈してきます。本来なら、明子さんのシグナルに気付き、すぐさま解決していかなくてはいけなかったのですが、それ以上に緊急に処置すべき問題が次々と起こっていたということが、残念ながら明子さんの問題を先送り

表1　学級崩壊における教師と子どもの状態

教師の側	子どもの側
①教師の中に余裕がない。 ②教師間のつながりがなく、問題を共有化できない。 ↓その結果 ③子どもの変化についていくことができない。 ④保護者の要求が多く、それへの対応で追われる。	①子どもの家庭環境が複雑化すると共に、十分な愛情が与えられず、絶えず愛情の饑餓状態に置かれている。 ②慢性的なストレス状態 ↓その穴埋めとして ③子どもが人に勝って、優越感に浸ることが、その饑餓状態を脱する大きな力になると勘違いする。

させてしまった大きな要因なのではないかと考えたのです。案の定、一一月二三日の朝日新聞では、「明子さんのクラスが学級崩壊状況にあり、指導がすでに入らない状態になっていた」ことが報道されました。

ここ三年ほどの子どもたちの大きな特徴として、「学級崩壊」と「いじめ」が同時進行していくという形になってきていることがあげられると思っています。今までは、「いじめ」と「学級崩壊」とは多少の関係性があったとしても、密接な関係を持たない形で進んでいくことが多かったように思うのですが、そうした「いじめ」と「学級崩壊」が同時進行するという複合的な形へと変化してきているように思えるのです。私はそれを「同時多発テロ的学級崩壊」と呼んでいます。

では、どうしてそのような形になっていくのでしょうか。そのことについて、表1を用いて説明をしてみたいと思います。

こうした状況からまず生まれることは、教師の見えない所で問題が起き始めるということです。例えば、掃除をしない・朝自習をしないといった形で、教師が見きれない部分で野放図な状況が生まれ始めるのです。それを指導できるかどうかが大事なポイントになるのですが、指導できないまま放置された場合、「この先生は、自分たちを指導する力がない」と判断し、今度は目に見える形での反乱が起きるようになります。それは、意図的に宿題をしないといった形から、授業中先生の指示にいちいち反論したり、茶々を入れてく

「まじめにやるのはバカらしい」という思いが生まれると同時にに「こういうクラスにしているのは、担任が悪い」という形で子どもが教師をとらえるようになっていくのです。その後、るようになります。

ここまで来ると、完全な大人不信となり、どの先生の指導も入らない状況が生まれてきます。まさに、学級を支えていた秩序と価値観の崩壊が始まっていくのです。そして、学級が無法地帯となり、ペッキング行動（かごの中にいっぺんにニワトリなどを入れると、互いにつつき合いが始まり、強者と弱者の順位が生まれることによる集団のヒエラルキーが形成され、安定した形になること）が生まれていきます。このペッキング行動が、「いじめ」や「無視」「からかい」と行った形であらわれてくるのです。

つまり、群馬県桐生市の事件は、たくさんの問題が同時多発的に生まれ、その対処に追われる中で、上村明子さんの訴えがそれらの問題の中に埋没し、きちんと対応することができなかったということなのではないでしょうか。ここでわかってほしいことは、教師を守るわけではないですが、「教師が悪い」と断罪することで問題が解決するわけではないということです。

すでに、「序章　子どもに寄り添い、共に成長する若い教師」で述べた通り、かってない「教室の困難さ」が存在していることや年齢に応じた発達保障がされていないという社会的な背景が大きいのではないでしょうか。それと同時に、教師が子どもの問題行動の背景をじっくりと見つめ分析していく余裕がなくなっていることも大きいのではないでしょうか。つまり、子どもの問題行動を職場全体で話し合い、その背景を分析していくという「教師の同僚性」が問われているのです。荒れている学級を、他人のこととして考えず、自分の痛みとしてお互いが感じ取れるような感性をこそ育てていくべきなのです。

5　新しい学級崩壊の姿——高学年の子どもたちに見られる価値観の混乱と一元化

(1) 悪口はなくならないの?

二〇一二年六月の教育実践研究会で、教師四年目で六年生担任の佐藤先生が、「悪口はなくならないの?」という題名で、女子の悪口についての、レポートを書いてきました。主な内容を紹介したいと思います。

悪口はなくならないの?

佐藤明子(仮名)

六年(男子二〇名女子一五名計三五名)の担任をしている。五年からの持ちあがりで、特別支援が必要な子どもや家庭的に恵まれない子ども、友達関係を作るのが難しい子ども、「ごめんなさい」が言えなくて幼児のように泣き出す子どもなど……なかなかのメンバーがそろったクラスだ。最近では、高学年特有の女子同士の問題が出てきている。

道徳で「悪口は人間の習性だからなくならない」か、というテーマで学習をした。子どもたちが,かげでお互いの悪口を言っている様子が耳に入ってきたからだ。授業は「悪口の少ないクラスにしていきたい。」とまとまり、終了した。その後、二人の女の子Sさんと0さんが私の所に話をしに来た。

その話に登場した子どもたちの様子は次のようなものであった。

・Aさん……運動会大好き! 勝ち負けにこだわる。リレーの選手・代表委員をやっている気の強い女の子。学力は低め。自分を見てほしい! という気持ちが強い。昨年,校長室に担任への文句を言いに行った児童の中心的存在。

・Nさん……昨年,校長室に担任への文句を言いに行った児童の中心的存在の一人。一人では行動できない。担任にやたらとくっついてきて，くすぐったりする。スポーツが好き。中学受験予定。母親が意見を強く持っている。

・Sさん……応援団長。担任の意図をわかって素直についてきている。四年生の時には友達と金銭のことでトラブルになったことがある。ダンスやおしゃれが好き。

・Oさん……自分の意見をしっかり持っているが，それを全体の場ではあまり表現しない。男女関係なく遊べる。男子からの人気が高い。おしゃれな女の子。

【給食準備中】

S「先生，Aさんが私たちのこと悪口言っているみたいなんです。」

T（担任）「そうなんだ。詳しく教えて。」

S「なんか，私たちのことぶりってるとか，ファッションがどうのとかって。この前の総合の発表の時も，AさんとNさんがOさんの服装を見て，ぶりってるとか言ってたんです。」

T「Oさんは？　あなたの考えも聞かせて。」

O「うーん，なんか　あんまり気にしないようにしてるんだけど。でも，なんか私のこととか言っているみたいで。」

T「そういうこと（悪口），かげでこそこそいっているんでしょ？　どうやって知ったの？」

S「（Aさんと仲の良い）NSちゃんが教えてくれて。あとNちゃんも言ってた。」

T「そうか……，二人はこれからどうしたい？」

二人「……うーん」

T「Aさんと話し合う？　ちょっと考えておいて。またあとで話そう。」（担任　給食準備へ）しばらくして

S「やっぱり，Aさんと話し合いたい。」

T「Aさんにはどうしてほしいの？」

S「思っていることがあるなら，ちゃんといってもらいたい。例えば，もうちょっとシンプルな服装にした方が良いんじゃない？　とか，優しい言葉で言ってもらえれば聞ける。」

T「なるほどね。話し合いは先生がいた方が良い？　それとも自分たちでしてみる？」

S・O「先生がいた方が良い。あと，NSちゃんにもいてほしい。そうじゃないと，Aさん，そんなの知らないとかいって，ごまかすと思うから。」
T「分かった。あと，話し合いしたいってことは，自分たちで言う?」
S・O「先生に言ってほしい」

佐藤先生は，放課後にAさんと話をしようと思うのですが，「今日は無理です！」と拒否されてしまいます。それと同時に，「SとOの話をすることを，Nさんから聞いた。一対二は卑怯だ！」とも言われてしまいます。その後，翌日の給食準備中に話し合うのですが，Aさんは，「Oさんが他の人に私の悪口言って，Aとかきらいって言ってる。道徳の時間に悪口は言われた方が気にしなければ良いって言ってたくせに。」「悪口を言われていることを，NSとかMとかが教えてくれた。」などと言ってきたのです。

佐藤先生は，「来週火曜日に話し合いをします。どうしたら良いですか?」と聞いてきたのです。

（2） 社会背景から子どもを分析する

私は，このレポートを手にしながらいくつかの質問をしました。それは，次のようなものでした。

①中学受験をする児童が多いか⇓確実に受験する児童が六人。それ以外に都立の中高一貫校を受験する児童が一〇人程度いる。

②Aさんはスポーツがどれくらいできるか⇓足が速いのはピカイチ。ボール運動など複数人数でやることもそこそこできるが，トップではない。

③Ｎさんは中学受験予定だが、成績は？⇓悪くはないが、クラス一というような特別に良い状態ではない。
④Ｏさんは勉強もできるか⇓比較的できる。そつなくこなす。

こうした質問をしたあと、私は次のようなアドバイスをしました。箇条書き的に紹介したいと思います。

①「悪口・陰口」という一側面を見るのではなく，クラス全体を見ることが大切。
②現代の社会を背景に考えないといけない。クラスの中で価値観の混乱がおこっているのではないか。
③社会背景から見て、女子の商品化が進んでいることに注目する。現在ＡＫＢ48が流行している。ＡＫＢ48では、「かわいさ」でランク付けが行われている。それによって、「かわいい」ことが一番価値があるという考えが広がっている。一方で本当にかわいいことだけが価値があることかどうか、という混乱が起きている。つまり、価値観の混乱と一元化がすすんでいるのである。
④そこから考えると、Ｏさんのようにかわいくておしゃれで男子からモテル女の子に対してＡからの嫉妬がある。「私だって男の子にもてたい。」それが、Ａさんの気持ちだろう。
⑤昨年度、校長室に子どもたちが担任批判をしに行った時の理由の根底にもこの考えがある。つまり、若い女性である担任も彼女たちの中でのランク付けの中に入っていて、男子たちの「人気をとる」担任に対する嫉妬から、担任批判という行動に出たのではないか。
⑥中学受験に注目すると、塾ではテストの点数によって、ランク付けが行われる。座席が一番目から順にテストの点数で並ぶ塾もあるほどだ。この状況は、「自分のことだけ考えること。他人に勝て！」という教育になっている。どんなに学力があっても、上には上がいる。子どもたちはそういったストレスを他人にはいている。

（3）価値観の混乱と一元化

こうした話の中で、「このクラスではＡＫＢ48が流行し、今年度新設されたダンスクラブの副部長にＡさんがなっていること」「他の女の子も、自分の立ち位置を確保するために、他の子に他の子の悪口を言っていること」「五年生の時に女子から、男子を贔屓しているという批判が出たこと」などがはっきりしてきました。

私たちは、陰口というとすぐに、「悪口や陰口をなくそう！」という話し合いにもっていきがちです。もちろん、それも大事なのですが、「陰口は子どもたちが苦しんでいる姿だ」ととらえることが必要なのです。現代の社会は、価値観の混乱と一元化が起きています。だからこそ、教室の中で「人間の価値は何で決まるのか」を担任が示していく必要があるのです。

もちろん、「かわいい」とか「イケメン」というのが悪いことではありません。しかし、そこだけで人間の価値観が決まらないことを話し合わせることが必要なのです。そのための話し合いの方法を、佐藤先生に丁寧に教えました。その結果、「方向性が見えてきました」とのメールが後日届きました。

今までの子どもたちにとって、「勉強ができること」「運動が得意なこと」が大きな価値観を占めていましたし、そこで競争させられていたと言えます。しかし、現代の子どもたちは、勉強や運動だけでなく、サブカルチャーとして位置付けられていた「ファッション」や「かわいさ」や「個性」といったものまでが競争の対象になってしまっているのです。そのことを視野に入れながら子どもを指導していかなければ、今の子どもたちの心の中に入っていけなくなっているのです。

その気持ちを無視して、「悪口・陰口」だけを指導し、「これからは悪口や陰口を言わないようにしよう」といった結末に持っていくならば、それは学級が崩壊していく端緒を開くことになりかねません。新しい学級崩壊の姿がチラチラと見え始めてきているような気がしてならないのです。

作者である子ども自身が書いていたもの（回答）

（１）小さい頃の失敗を描いてみよう
①おもらし　②カンガルーにけとばされて　③クジャク　④トイレ　⑤泣きながら　⑥泣いてしまった。
⑦くさ～いうんこ　⑧子ヤギ
（２）よくある聞き間違いの詩
①うんこ　②下品なこと　③五千円　④ご声援　⑤応援　⑥ハンガー持っていくの　⑦紙ハンガー　⑧ハンガー　⑨カロリー
（３）こんなことってある？
①鼻くそ　②肛門部　③プリザＳ　④トイレットペーパー　⑤シン　⑥ジャスミンのかおり。　⑦愛情
（４）家族が笑う瞬間
①母ちゃんと父ちゃん　②ローソクの火を消すまでに　③歌だけで　④ピアノのリズム　⑤セクシー

第6章

子どもとどう向き合うか

田植え

浅田慧子（五年）

いねを植えるって、
たのしいなぁー。
どろの感触も
好きになっちゃったなぁ。
洋服をよごしていいっていうのも、
気持ちがいいな。
先生もとなりで
歌いながら植えている。
きっと先生も、
同じ気持ちなんだな。

1　本当に笑えた家族の話

（1）長川家で起きたたくさんのドラマ

私が三・四年生と二年間持ち上がりで担任したクラスに、長川翼という男の子がいました。本当におもしろい詩を次々と書いてきてくれました。ここでは、その翼の詩をまとめて紹介しようと思います。四連発でいきたいと思います。この笑いについてこられるでしょうか？

ボディビルダー

長川　翼（三年）

この前テレビで、
ボディービルダーの大会をやっていた。
さっそくぼくとお兄ちゃんは、
服をぬいでパンツ一枚になり、
ボディービルダーのまねをした。
それを見ていた父ちゃんは、
「それじゃダメダメ！」
と言いながら、
けつにパンツをくいこませて歩いていた。

おかしくておかしくて
みんなで大笑いした。
でもこれで終わるわけがない。
最悪なのは母ちゃんだ。
とても人に見せられない
パンツ一枚のかっこうで、
ボディービルダーのまねをしていた。
あれでも一応女なんだろうなー。

プライド?

長川　翼（三年）

月曜日の九時からキムタクが出ている
「プライド」というドラマがある。
だから月曜日だけは、
はりきって家の事を終わらせている。
テレビの前にすわって
キムタクがアップになると、
母ちゃんはテレビにチュウしてる。
キムタクの手がうつると、
自分も手を合わせている。
（バカみたい）
「私のキムタク様」と言っている。
少し年を考えてほしい。
母ちゃんには、
「プライド」がないのかなー?

あっかんべーぇ

長川　翼（三年）

たった今母ちゃんに
ちょっとうるさくしただけなのに
「しゃべるな!　動くな!　息とめろ!」
と言われた。
お兄ちゃんは
「動け!　急げ!　シャツしまえ!」
と言われていた。
頭にきて二人で、
母ちゃんにあっかんべーぇをした。
そしたらスリッパがとんできて、
ぼくの頭にちょくげきした。
母ちゃんは大喜びしていた。
だからまた
あっかんべーぇをしてやった。

おしるこ

長川　翼（四年）

今日母ちゃんがおしるこを作ってくれた。
でもふつうのおしるこじゃなかった。
団子の粉に水を入れてこねていた。
粘土みたいに遊んでいた。
「母ちゃんのことだから
　何かやりそうだな。」
と思いながら見ていた。
そしたらウンコの形の団子を作っていた。
つぎにはおっぱいの形の団子も
作っていた。
やっぱり母ちゃんはへんたいだ。
あんこの中に
ウンコとおっぱいの形をした
団子を入れて、
「ウンコ&おっぱいおしるこの完成」
とか言って母ちゃんは喜んでいた。

どうですか。本当に笑えてくるのではないでしょうか。「おしるこ」という詩を持って、長川さんの家に詩の掲載許可をとりに行きました。

「この詩を学級通信に載せて、いいでしょうか?」

と聞くと、長川さんは顔を真っ赤にして、

「やっぱり、書かれましたか～」

「子どもが書いたものだから、仕方がありません」

と言ってくれました。私は、

「ありがとうございます。じゃあ、詩を載せさせてもらいます」

と言ったところ、

「先生、わざわざ詩の許可をとりに来て下さって、ありがとうございます。でも、これからは必要ありません。もうあきらめました。許可はもういりません」

と長川さんが言うのです。それをきっかけとして、タガがはずれたというか、ノビノビとしたというか、なんと言って良いかわかりませんが、翼の詩のイキイキさといったらありませんでした。次々とノビノビとした詩を書いてくるようになりました。

クリップ

長川　翼（四年）

夜にテレビを見ていた。
その時父ちゃんはビールをのんで
よって気持ち良さそうにねていた。
そのチャンスをのがさないように、
かいらん板の大きいクリップで、
父ちゃんの乳首をはさんだ。
父ちゃんはびっくりして、とびあがった。
そしたら顔を赤くしながらおこってきた。
グーパンチで頭をなぐられた。
痛くて死ぬかと思った。
もうしませんからゆるしてくださーい！

高級な洗顔フォーム

長川　翼（四年）

ぼくはちょっと前から母ちゃんにないしょで
洗顔フォームを使っていた。

母ちゃんの洗顔フォームはいい。
洗ったあとの顔がキュッキュッする。
だからこっそり使っていた。
そのことがバレてしまった。
母ちゃんが、
「なんで人の使っているの！　だれなの？」
とおこっていた。
ヤバイと思っていたらぼくが言う前に、
父ちゃんがあやまっていた。
どうやら父ちゃんも使っていたらしい。
「高級な洗顔フォームなんだから、買って返してよ！」
と言ったら父ちゃんが、
「その顔に高級な洗顔フォームは必要ないよ！」
と余計なことを言ってまたおこらせていた。
でも父ちゃんのおかげで
ぼくが使っていたことがばれなかったのでホッとした。

翼のドキドキが伝わってきて、気の小さい私は読んでいて心臓が止まりそうです。お父さんが先に謝ってくれたおかげで、翼は怒られずにすみました。「おしるこ」をきっかけとして、ますます詩に磨きがかかっていくようでした。

実は、その翼のお母さんを、クラスの多くのお母さんがひそかに尊敬していたことが、学年末になってわかりました。

「私だったら恥ずかしくて生きていられないほど赤裸々なことを書かれても、平気で生きていられる翼君のお母さんに尊敬すら感じてしまいます。」

二七人中七人が同じような感想をよせてくれたのです。子どもの詩をおおらかに受け止めて生きる姿に勇気をわけてもらったのでしょう。子どものユーモアは、本当に人と人をつなげる力があります。大事に育てていきたいものです。

（2）赤裸々に描かれた父親の姿（山崎家の父と子）

六年生の太一が、次のような詩を書いてきました。思わず、大笑いしてしまった詩です。読んでみて下さい。

変態お父さん？

山崎太一（六年）
ぼくのお父さんは、
予想以上に変人だ。
サッカーをしている時は、
みんなの前で
ジャージの下の穴のあいた股の所を見せている。
仕事から帰ってくると
パンツ一丁になる。
もっとやばいのは、よっぱらう時だ。
いつもと違う声でしゃべったり、
いろいろな変態行為をする。
一番すごいのは、
朝ぼくが起きた時に、
お父さんがリビングの真ん中で
全身素っ裸でうつぶせになって寝ていた。
ぼくは笑いたかったけど笑えなかった。
なぜならこんな驚きは、人生初めてだからだ。
今の子どもたちの家庭は、だんだん閉じられつつあるように思うのです。自分たちの家庭のことを話さないことが、自分たちの家庭を守ることにつながると考えているところさえあるように思うのです。自分たちの家庭を閉じ、情報を流さなければ、批判にさらされることもありません。それは、一見居心地の良いことなのかもしれませんが、反面家庭の中に第三者の目が入らなくなることを意味します。児童虐待が増えていると言われていますが、児童虐待が閉じられた家庭で起きていることを考えた時、家庭が閉じられることは、子どもと親の成長にとって、プラスに働かないのではないかと思うのです。成長の過程の中でたくさんの他者の目が入った時、人は大きく成長していくことができるのではないでしょうか。

ここに出てくる山崎君のお父さんは、九州に単身赴任をしていますが、本当におおらかです。この詩が掲載された学級詩集がお父さんのもとに届いた数日後、次のようなメールが送られてきたのです。

> 本日手元に学級詩集が届きました。妻から『先生からのプレゼント』とメモが入っていましたので、楽しみにして早速中身を拝見させてもらいました。ぶっ飛びました！　腰が抜けるとはこのことを言うのかくらいに……（妻のメモの下に小さく「覚悟しとくように」は詩集を見た後に気づきました）救いは〝ちょっと下品な話〟の項目に入っていないことです。子どもの目は怖い！　全て事実なので何も反論出来ません。かといってこの永く培われた「芸風」は一朝一夕には直せそうもありません。（後略）

このエピソードは、山崎さんにとっては、恥ずかしかったに違いありません。しかし、こうしたエピソードを明るく受け止める家庭の教育力や柔軟性が、子どもの心を育てるのではないでしょうか。

（3）カルアミルクが起こした一大イベント？

六年生ともなると、なかなか本音を書かなくなってきます。しかし、きっかけがあれば、六年生でも心が開放され、自由に詩を書くようになるのです。次の詩は、そのきっかけとなった詩です。

お母さんとお酒

中野正貴（六年）

通学班の人たちの飲み会があった。
お母さんが
カルアミルクを飲んだら、
「おいしい」と言って
七はいぐらいのんでよっぱらった。
それでぼくのことを
階段からつきおとして
ぼくの頭にたんこぶを作った。
あと、「お金をくれ」と言ったので、
千円札を渡したら、
やぶろうとしました。
なぜそんなにひどいことを
するのだろう。
とても世話のかかる人だと思った。

「すごい」としか言いようがありません。よっぱらったお母さんが、息子を階段から落としたあとにお金を破ろうとするのです。私は、この詩を学級通信に載せるかどうか迷いました。誤解される可能性だってあったからです。子どもは、平気、平気、と言うのですが、心配だった私は直接正貴のお母さんに会って話をしました。すると、「あ〜、あのことね！　良いですよ！」

と、すぐさま快諾してくれました。そして、大声で笑ったのです。

正直、ふところの大きいお母さんだな〜と、思ってしまいました。「子どもの書いたことだから」と、おおらかに受け止めるということが、正貴のおおらかさやおもしろさを育てているのだと思いました。また、こうした詩についての考え方を聞くことを通して、親とつながっていくことができるのだとも思いました。子どもを媒介として親とつながる。そのことを、丁寧にやっていくことが、現代の教育にはとても必要なのではないでしょうか。

（4）モテモテ調査をしてみたよ！

クラスで、ある男の子が「僕のお母さん、若い時にモテていたんだって……」と話しかけてきました。それを聞いた他の子どもも、「私のお父さんもモテていたと言っていた」と言い始めました。そこにまたまた数人の子どもが入ってきて、「モテていた」と言うのです。そこで、クラスで〝モテモテ調査〟をしてみることになりました。ただし、「無理して聞いてはいけないよ。プライバシーがあるからね。」と約束させて、家で聞き取り調査をしてきたのです。その結果生まれた詩を紹介したいと思います。

モテモテ？

矢田目奈穂（四年）

今日私がお母さんに、
「お母さんって、昔モテモテだったの？」
と質問したら、
「うん！」と答えた。
本当かなと思って、
「じゃ、今まで
　お母さんに告白した人って
　何人位いるの？」
と聞いてみた。
「二十人位かな？」と答えたので、
「うっそ～ん。」と言った。
そしたらお母さんは、
「本当だよ。
　学年が上の人だって
『よしこはどこだ？』
『よしこはどこだ？』
　ってのぞきにきたんだよ！」
と言った。
本当カナ？
ドラえもんがいたら調べてみたいな。

半分だけ？

矢田目奈穂（四年）

この前学級通信にのった
「モテモテ？」という詩を
お母さんに見せた。
そしたら、
「半分ウソだったのにー！」
と言っていた。
私は
「半分だけ？」
と思った。
私はほとんどうそだと思っていた。

もてている人

森　有太（四年）

お母さんは
子どもの時はもてていたみたいだった。
お父さんは
「人気があった」と言っていた。
お母さんは
「ラブレターももらったよ。」
とも言っていた。
学校の友だちの親と同じ事を言っていた。
ぼくは
「もてる人が
　そんなにたくさんいるのかな？」
と思った。

矢田目家でのやりとりは、絶妙です。特に、「お母さんが半分うそだった」と言ったことに対して、「ほとんどうそだと思っていた」という断定的な言い方で、ぴしっと詩を終わらせています。ここまで言われると、返す言葉がなくなってしまいます。

この調査をしておもしろかったことがあります。それは、なんとクラスの父母の八〇％以上の人が「モテていた」と答えているのです。そうなると、「モテていない人が、ほとんどいないじゃないか！」ということになってしまいます。年齢を積み重ねるということは、過去を美化する特権を手に入れることなのかもしれません。そんな矛盾を、今度は森くんがきちんと見抜いているのです。子どもにはうそはつけませんね。ちなみに「先生もモテていたよ！」と力を込めて言ったのですが、全く相手にされませんでした。中には、哀れみの表情で「そうだよね。先生ステキだもんね。」と言ってくれた女の子がいました。うれしいような悲しいような複雑な心境でした。

ぜひ、学級で調査してみて下さい。おもしろい詩が出てくること、うけあいです。

2　子どもと共に生きるとは

(1)　子どものけなげさ

子どもたちは、けなげな姿を時々見せてくれます。そんな時、私の胸はいっぱいになってしまうのです。少し前に、大学近くの小学校の二年生のクラスで授業をやらせてもらいました。そのクラスで生まれた詩を一つ紹介したいと思います。

はく手　　　　能松七海（二年）

私は、
立って歩いた。

たくさん歩いた。
二回も歩いた。
女の子の友だちが
手と手を合わせていた。
パチパチという音がした。

パチパチという音が
だんだん大きくなった。
友だちのパチパチという音が
歩く力になった。

七海は、小さい頃に病気になり、ほとんど歩けなくなりました。ふだんは、車椅子で過ごしています。介助して下さる方が一人いて、時にはその人の力を借りて教室の椅子に座ります。そんな七海が、ある時教室で立ち上がります。そして、歩き始めるのです。その姿を見ていたクラスの女の子が、拍手を自然とするのです。七海は、「手と手を合わせていた」とはじめに書いています。最初は、それが自分に向けられた拍手だとは思わなかったのです。しかし、それが自分に向けられている拍手だとわかった時、七海の心はうれしさでいっぱいになります。それが彼女の歩く力になるのです。二回も歩く力になったのです。

七海は、本当に賢い子どもです。ハンディを背負っているからこそ、常に一生懸命に取り組みます。授業にも懸命についていきます。そんな姿と、クラスの女の子の拍手を背景に頑張って歩く姿が重なって見えた時、私の胸はいっぱいになってしまいました。「なんてけなげなのだろう」と思ってしまうのです。私たち大人や教師は、こうした子どものけなげさにたくさんのことを教えられることが多いのではないでしょうか。

（2）子どもは、時代を表現する

子どもというのは、その時代の中に生きています。だから、その時代の空気を一番敏感に感じ取っているのが、子どもだとも言えるのではないでしょうか。次の詩を読んでみて下さい。

クリスマス・イン・お寺

涌井　恵（六年）

うちの親戚はお寺だ。
お寺といえば仏教。
でも毎年家族で、
クリスマスパーティをやっている。
なくなった先代の住職も
毎年楽しみにしていたらしい。
世界中がこのノリだったら、
きっと戦争は起きないだろうな。

日本人は宗教に対して寛容だとよく言われます。宗教に無関心な人が多い、という言い方もできるかもしれません。この詩は、そんなあいまいさに満ちた日本人社会を「お寺で、毎年クリスマスパーティをやっている」と言った表現で切り取っています。「なくなった先代の住職も毎年楽しみにしていたらしい」というひと言が見事に効いているように思います。読んでいると、ついついほおの筋肉がゆるんできます。

子どもは大人より柔軟です。思わぬ角度から物事の本質をずばりとついてくることがよくあります。この詩を書いた恵もユニークな角度から見るのがとても得意です。

目線の高さが大人と違うから良いのではないでしょうか。この詩で感心するのは、そんな真っすぐな感性で戦争の本質をとらえていることです。イラク戦争やパレスチナ紛争……。最近では、リビアの空爆が話題になっています。新聞やテレビから伝わる戦争や国際紛争の裏側に、宗教が大きな影を落としていることをしっかりと感じ取っているのです。

「世界中がこのノリだったら、きっと戦争は起きないだろうな。」この結びの言葉から、私は、戦争は嫌だ、どうか平和であって欲しいという恵の心を感じます。

子どもの心は、真っ直ぐです。大人が思う以上に鋭く時代を感知し、表現するのです。

（3）子どもは、矛盾に敏感

子どもというのは、くもりのない目で見ているがゆえに、矛盾をズバリと突いてくることがあります。そんな時、私たち大人はドキッとすることがあるのではないでしょうか。そんな詩を、一つ紹介します。

除夜の鐘

大久保智（五年）

今日は、除夜の鐘をつきにいきました。
なんとおふだが五百円で
それを買わないと
除夜の鐘をつけないのです。
除夜の鐘は、
百八つのぼんのうをはらうと
言われています。
一番最初に
お寺のお坊さんが
ぼんのうを落とした方が
いいんじゃないのかな?

「ぼんのう」という難しい言葉を、五年生の智がつかっているのに驚いてしまいます。子どもだからってばかにしてはいけないのです。

大人だって正確な意味がわかる人はあまりいないと思います。仏教の言葉で、心身をわずらわし悩ませる心の働きだという説明を聞いたことがあります。大みそかに除夜の鐘を一〇八回鳴らすのも、一〇八ある「ぼんのう」を払い落とすためだそうです。金銭欲もその一つです。

なぜそんなことをするのでしょうか。それは、「ぼんのう」を払うのがそう簡単ではないからです。お坊さんが修行するのも「ぼんのう」を払って悟りを開くためなのだそうです。

除夜の鐘一突き五〇〇円とお坊さん。「ぼんのう」という視点からとらえた詩の切れ味には、思わずうなってしまいました。

「五〇〇円で一〇八回だと計五万四〇〇〇円。月二〇〇〇円の小遣いの二七カ月分を鐘を突かせるだけで手に入れるのか」

ちびちびとお小遣いを使っている智には、お寺が「ぼんのう」のかたまりに見えたのです。ましてや修行しているはずのお坊さんですからね。子どもらしい正義感だと思います。

子どもは、大人のごまかしや矛盾に敏感です。素直ですから、大人が思う以上に鋭いのです。私も、「ぼんのう」だらけの姿は見せたくないと思いますが、なかなかうまくいきません。永遠の課題ですよね。

（4）大人の危機管理について

私たち大人は、日頃危機管理が大事だと言っていますが、果たしてどのくらいできるのでしょうか。次の詩は、その危機管理の甘さをするどく突いた詩です。

七輪

長川　翼（四年）

この前父ちゃんがいきなり、
「七輪が欲しい」と言い始めた。
ぼくは一瞬ヤバイと思った。
なぜなら七輪の事故のニュースを
テレビでやっていたからだ。
でも父ちゃんは単純に、
サンマを外で焼いて食べたかったらしい。
サンマのほかに焼き鳥も買っていた。
それから事件が起きてしまった。
ベランダで焼いていたので
二階のとなりの家に
ケムリが思いっきりいってしまった。
その時に母ちゃんのさけび声が聞こえた。
「ダメー、早く消しなさい！」
父ちゃんを見たら
急いで火を消して
焼き鳥を口の中に三本入れていた。
すげーなーと思った。

お父さんが「七輪が欲しい」と言った時、「変なことに使ってしまうのでは……」なんて心配する翼の機転の早さに驚かされます。しかし、翼よりもお父さんの方が単純だったようです。ただ単に「サンマを外で焼いて食べたかった」だけという理由から、すぐさま買ってくる行動的（短絡的?）なお父さん。そして、となりにケムリが行ったのをすかさず見逃さず、注意をするお母さん。
「ダメー、早く消しなさい」との一言で、焦ってしまったお父さんは、火を消して「焼き鳥を口の中に三本入れ」たのです。想像するだけで、おかしくなってきます。どんな表情で口の中に焼き鳥を入れていたのでしょう。お父さんに聞いたところ、「すぐさま水をかけようとしたけど、目の前にある焼き鳥があまりにおいしそうだったので、口の中に避難させてから水をかけた」とのことでした。人間、焦ると本当にパニックになるのだということが、つくづく感じられる詩だと思います。でも、「こんなお父さんってかわいいなぁ〜」と思ってしまうのです。

(5) 名前を考えてみたよ!

どの親も、願いを込めて我が子に名前をつけています。ある時、名前の由来を聞いてくる宿題を出しました。その時に出てきた詩を、二つ紹介したいと思います。

私の名前

石井あい(三年)

私は〝石井あい〟という名前が
あまり好きではありませんでした。

なぜかと言うと、
A君とB君に
「いしやきいも」

と言われるからです。

この前お母さんに、

「なんで〝石井あい〟という名前にしたの?」

と聞いてみたら、

「強くたくましく生きるという意味だよ。」

と言いました。

だから今度A君に言われたら、

「やきいも千円で売れば!」

と言い返してやります。

ぼくの名前

河島敬一（三年）

お父さんに、
名前のことを聞いてみた。
「敬という字は
〝うやまう〟という意味なんだよ。」
と教えてくれました。
うやまわれる人になってほしいから
敬一という名前にしたそうです。
ぼくは、敬一という名前で良かったです。
でも「うやまう」って、
どういう意味なんだろう。

あいは、自分の名前に込められた思いを知ることで、強くなっていきます。敬一は、名前にふさわしい人になろうと思うようになります。

それにしても、敬一の詩は思わず大笑いしてしまいます。お父さんに、「敬は〝うやまう〟という意味なんだよ。」と教えられ、うなずく敬一の姿が目に浮かぶようです。最後の、「でも『うやまう』って、どういう意味なんだろう」という所を読んで、大笑いすると同時に敬一のことが可愛くなりました。知ったかぶりをしない敬一の自然の姿に、とても好感が持てた瞬間でした。

子どもたちの詩は、どれも感受性豊かで、私たち大人をハッとさせます。こうした感受性を、大人になる過程で失っていくとするなら、こんなに悲しいことはありません。子どもの時の鋭い感受性を大事に育て、社会をより良い方向に持っていく主権者としての力を子どもたちに育てていくことが、今の現代社会における急務な課題なのではないでしょうか。

3　子どものしっぽを大事に

お母さんが勝手に自分の部屋を掃除し、「大事だ」と思うものを、どんどん捨てられるという経験は、誰でも子ども時代に経験したことがあると思うのです。そんな様子を、六年生の男の子がこんな詩にしてくれました。

部屋そうじ

菅野真威人（六年）

「いいかげんに片づけなさい！
明日はゴミの日だから出すのよ！
そう言ってお母さんが
ビニール袋を持って来た。
まず本を片づけて、
ゴミをごみ箱に捨てた。
ぼくがどんどんしまわないと、
お母さんが、
「いらないね。いらないね。」
と言って、
ビニール袋に入れていく。
トミカの箱
説明書
車のチラシ
ぼくの大事な物ばかり捨てられていく。
あ〜！

「わかるなあ、こんな感じ」と思いませんか。トミカの箱、説明書、車のチラシ。どれだって子どもにはかけがえがないのです。片付けろというのが無理なのです。

そんな姿にお母さんはよけいにイライラしたのでしょう。

「ぼくの大事な物ばかり捨てられていく」

「あ〜！」

真威人の切実な思いが、読み手の心にぐーんと入り込みます。お母さんの迫力のすごさに（?）圧倒される真威人が見えるようです。

でも、そんなお母さんも、子どものころはきっとシールやキャラクター消しゴムを集めていたに違いないのです。大人から「くだらないものばかり集めて」と言われていたはずなのに……もう忘れているのです。

大人には「意味がない」ものでも、子どもには宝物です。大人と違う自分なりの価値を持つことは、子どもの成長の証しなのです。自分の世界をつくることは自立に向けた一歩になるのです。あたたかく見守ってほしいものです。

教師であるあなたにも子ども時代のしっぽが残っているはずです。探してみましょう。きっと子どもとつながる大きな力になります。教師が子どもとつながる一番大きな力になるのは、子ども時代のしっぽを探し出すことです。子どもの時にしてもらって嬉しかったことをし、イヤだったことをしないようにすれば良いのです。それなのに、教師になると、そうした子どもの時の思いを捨て去って、威厳を持とうとするのです。

教師の威厳は、時として必要かもしれません。でも、私たち教師が心がけるべきなのは、自分の中にある子どものしっぽを見つけ出し、それを通して共感関係をつくり出すことができることなのです。子どもを育てるには、なんといっても「おもしろい」と思う感覚が必要です。教師であるあなた自身が、「おもしろい」と思わないでいて、どうして楽しい学級がつくれるというのでしょうか。

子どもは、良いことをするにも、悪いことに見えることをするにも、全力です（意識して悪いことをしてやろうと思う子どもはいないと思います）。その全力さが、私はたまらなく大好きです。

「それって、おもしろいね～」という一言が、どれだけ子どもの心を軽くすることでしょう。ぜひとも、子どもに近い感覚で子どもと接して欲しいと思います。そうすれば、子どもにとって忘れられない教師になること、間違いなしです。子どもと仲良くなれば、親は絶対についてきてくれるものなのですから……。

4 「条件付き愛」とヒドゥンメッセージ

現代の子どもたちは、多かれ少なかれ「条件付き愛」に包まれていると言って良いのではないでしょうか。「条件付き愛」とは、「勉強のできるあなたが好きよ」「絵の上手なあなたが好きよ」「足の速い、リレーの選手のあなたが好きよ」といった「○○ができるあなたが好きよ」という愛情のことです。その「条件付き愛」は、「それをいつ失うか」という『見捨てられ感』と表裏一体になっています。「勉強ができなくなったら、見捨てられてしまうのではないか」「運動ができなくなったら嫌われてしまうのではないか」という不安感が常に付きまとい、健全な自己肯定感を育てることができないのです。

健全な自己肯定感は、「ありのままの自分でいいんだ」「ありのままの自分が好かれているんだ」という思いが根底にあって育っていくものなのです。つまり、「ありのままの自分」が親やまわりの大人に受け止められているという思いが、自己肯定感を育てていくのです。

「条件付き愛」に包まれている子どもたちは、常に他者からの承認を求めてさまよい続けることにもなりかねません。だからこそ、私たちは「プラスの面もマイナスの面も含めて、あなたの事が好きだよ！」といったメッセージを伝えていくことが大切なのではないでしょうか。

また、今の子どもたちはヒドゥンメッセージをより濃く受け止める傾向が強くなっています。ヒドゥンメッセージとは、「隠れたメッセージ」という意味です。例えば、「Aちゃんは、作文が上手だね」とみんなの前で褒めたとします。その言葉の裏側には、「他の子はダメだね」というメッセージが隠されています。よく兄弟姉妹で考えてみるとわかってもらえると思うのですが、「お兄ちゃんはすごいね！」と褒めると、必ず弟が「ぼくは？」と聞いてきます。それは、ヒドゥンメッセージを感じ取っているからなのです。

女の子の読む雑誌には、必ずと言って良いほど「ダイエット」の広告が掲載されています。直接のメッセージは、「こうするとやせますよ！」というものですが、そこには「やせている女の子でなくては、価値が低いのですよ」というヒドゥンメッセージが入っているのです。

メッセージには、こうした表側のメッセージとヒドゥンメッセージの両方がサンドイッチのように同時に流されているのです。そのヒドゥンメッセージをより強く感じ取ってしまうのが今の子どもたちなのです。そのため、友だちに対してものすごく気遣いをしてしまい、人間関係を持てなくなってしまう例が数多く見られるようになっています。そして、ヒドゥンメッセージからの影響を濃く受けることで、本来の自分の気持ちがどこにあるかがわからなくなってしまうのです。

私の大学のゼミ生で、「学んだこと」として、こんなことを書いてきた学生がいました。

私が「新任教師の記録」を読んだとき真っ先に感じたことは、「きっと私もこうなる」という直感だった。つらいことがあっても、誰かと合わないと感じても、「自分が悪い」と思ってしまうからだと思う。これは優しいんでもなんでもない。ただ楽そうだからそうしていたんだと思う。他人を攻めれば、攻める分のエネルギーのほかに、その本人とその人のことを好きな人から攻撃される。けれど自分を責めればそれで終わり。それ以上のエネルギーを使う必要がないからである。そしてだんだんそう思うことがクセになって、今の理性と感性がかけ離れた私が出来上がったと考える。そんな私を、実は自分が一番嫌いでいるのかなと感じた。でも、そんな私を偽らずにゼミのみんなや増田先生に見てもらおうと思えるようになったことが、私の増田ゼミでの二年間で手に入れた一番大きなものだと思う。

このゼミ生は、「自分を責めることで他者との関係性を維持している」と書いています。そして「理性と感性が遊離した自分」というものを感じているのです。これは、小学校からつくられていったものです。だからこそ、「理性と感性の一致」を大切にし、「あなたの考えていることは間違っていないよ」というメッセージをしっかり伝えていくことが大切なのです。特に、マイナスの部分も含めて自分という存在が形成されていることを伝える必要があるのです。

5　教師にとって必要な資質とは何か？

ここで、教師にとって必要な資質について考えてみたいと思います。「子どもが好きだ」ということは基本として必要だと思っていますが、それだけでは難しいのではないかと思っています。

まず第一に、「人間という存在への畏れを持つと同時に、子どもを信じる努力を続けることができる」ということが大切です。現代の子どもたちは、たくさんの問題を起こします。そのほとんどは、自分からそうしたいと思ってしているのではないことが多いのです。ヒドゥンメッセージの影響や、親からの期待、幼少期に十分愛情を与えられなかったなどの要因が、複雑に絡み合っているのです。ですから、「この子どもは、こうした子だ！」と決めてかかるのは禁物です。人間というのは、子どもといえども複雑なのです。自分でもわかっていない不満を抱えていらだっていることもあるのです。人間という存在への畏れと、あくまでも子どもを信じ続ける努力を続けていくことができるかどうかが問われているのです。

第二に、「真実に素直である」ということです。教師だからと虚勢をはったり、ふんぞりかえったりせず、どんなに幼い子どもの言ったことであっても、それが真実だなと思ったら、素直に耳を傾けることが大切です。そうした姿勢を持つことで、子どもたちは「自分の言い分を聞いてもらえる」という安心感を持つことができるのです。

第三に、「子どもの喜怒哀楽を共有する能力がある」ということです。これは、はじめからあるのではなく、教育という仕事に真摯に立ち向かい、子どもの声を聴いていく中で身についていくスキルです。大いに鍛えていってもらいたいと思います。

第四に、「『何事も見てやろう、聞いてやろう』という探求心」が必要です。いろいろなことに興味を持ち、調べてみることで、知識の幅が広がります。その知識は、一見雑多なもののように思えますが、授業を豊かにするバックボーンを創り出すことに役立ちます。

第五に、「聴く能力」です。もちろん、話す能力も必要ですが、まず子どもの声に耳を傾けて聴いて欲しいと思うのです。幼い子どもは、自分の心の中をうまく言葉に表現化することができないことが多いのです。その声にならない声を、私たちは推察したり、言語化したりしてあげることが大切なのです。

これら五点以外にもあるかと思いますが、子どもたちと豊かな人間関係を築いたり、創造的な授業をしていくためには、様々な能力が必要となっているのです。

付　録

髪がた

福島康弘（四年）

ぼくはお母さんに
髪の毛を切られました。
なぜか楽しそうに切っていました。
ゴミ箱を見たら
髪の毛がいっぱいあった。
鏡を見たら、サルみたいだった。
「どうしてこんな髪になってるの？」
と言ったら、
「キャー、サルみたい！」
と言ってきた。
ぼくはこの時ちょっといじけました。
もうお母さんに切ってもらうのは
やめにしようと思う。

1　「最初の一週間」チェックリト

最初の一週間で大切にすべきことを、一覧表にしました。ポイントとしておさえたいと思う重要な部分のみを取り上げました。

【最初の一週間チェックポイント】

課題項目	できなかった	あまりできなかった	まあまあできた	できた	合計点
クラスの子どもの名前を全部言え、顔と名前が一致するようになりましたか。	一点	二点	三点	四点	
子どもが、前を向いて教師の話を聞くことができるようになりましたか。	一点	二点	三点	四点	
チャイムが鳴った時に、お互いに「早くすわろうよ」という声掛けが出てきましたか。	一点	二点	三点	四点	
チャイムが鳴って、五分以内に席に着くようになりましたか。	一点	二点	三点	四点	
子どもの持ち味を少し理解することができるようになりましたか。	一点	二点	三点	四点	

子どもの中から、リーダーやクラスの雰囲気をつくる子どもを見つけることができましたか。	一点	二点	三点	四点
子どもが、家庭で先生や学校のことを話してくれるようになりましたか。	一点	二点	三点	四点

それぞれの点数のところを、直線でつないでみましょう。どの部分の働きかけが不足していたかがわかると思います。そして、不足している働きかけについては、少し頑張って取り組んでみましょう。

【評価】

・二二点～二八点：よくできています。上出来です。あとは、子どもの気持ちを理解するようにしましょう。

・一九点～二一点：まあまあ、子どもとの関係がつくれています。もっと遊ぶなどして、子どもとの関係を深めていきましょう。また、授業における態度をしっかりと指導しましょう。

・一四点～一八点：少し、きちんとした指導が子どもに入っていないようです。要求すべきことは要求すると同時に、子どもの持ち味を理解した声掛けをするように工夫してみましょう。

・一〇点～一三点：かなり出発点としては、厳しいです。一ヶ月の間に軌道修正しましょう。

・七点～九点：ほとんど指導が入っていない状況です。周りの先輩の先生方に聞くなどして、子どもとの関係をどのように改善するかの改善策を大至急作成しましょう。

2　「最初の一ヶ月」チェックリスト――最初の一ヶ月が勝負⁉

最初の一ヶ月が、学級をつくっていく時の勝負です。一年間うまくいくかどうかは、最初の一ヶ月にかかっています。このチェックリストのあてはまるところに○をつけ、線でつないでみて下さい。

【最初の一ヶ月チェックポイント】

課題項目	できなかった	あまりできなかった	まあまあできた	できた	合計点
子どもとなるべく遊ぶ時間をとることができましたか。	一点	二点	三点	四点	
子どもが、前を向いて教師の話を、しっかり聞くことができるようになりましたか。	一点	二点	三点	四点	
チャイムが鳴ってすぐに、子どもたちが席にすわるようになりましたか。	一点	二点	三点	四点	
子どもの話に耳を傾け、「先生は自分のことをわかってくれている」と子どもに感じさせることができましたか。	一点	二点	三点	四点	

子どもの良い面を少しでも見つけ、親に伝えることができるようになりましたか。	一点	二点	三点	四点
子どもが、家庭で先生や学校のことを積極的に話してくれるようになりましたか。	一点	二点	三点	四点
この一ヶ月の子ども一人ひとりの頑張りを、一つでも良いので、ノートに書き出すことができますか。	一点	二点	三点	四点
親が、学級通信等を通して、担任の学級経営について理解してくれるようになりましたか。	一点	二点	三点	四点
同学年の先生に、わからないことを自分から聞けるようになりましたか。	一点	二点	三点	四点
学校の中に、悩みを相談できる人をつくることができましたか。	一点	二点	三点	四点

これは、四〇点満点になっています。三〇点以上になれば、十分です。特に、同じ職場の中に、悩みを打ち明けられる人をつくるように努力して下さい。

3　一年間のチェックシート&授業シート

教師になって一年目というのは、いろいろ悩むものです。また、様々な反省点を感じることもあるに違いありません。このチェックシートは、教師一年目の人だけでなく、ベテランの先生が使っても大丈夫なように作ったものです。これをもとに自分の一年間を振り返って、四段階で評価した後、A～Eそれぞれの合計点を出し、ダイアグラムを作ってみて下さい。自分の来年度の課題が見えてくるはずです。また、評価したポイントを線で結んでもらうと、課題がよりはっきり見えてくるはずです。

【人間関係づくりチェックポイント】

内容	困難度	課題項目	できなかった	あまりできなかった	まあまあできた	できた	合計点
	一	子どもとなるべく遊ぶ時間をとることができましたか。	一点	二点	三点	四点	
	二	子どもの話に耳を傾け、「先生は自分のことをわかってくれている」と子どもに感じさせることができましたか。	一点	二点	三点	四点	

A子どもとの関係				B親との関係		
三	四	五	六	一	二	三
トラブルがあった時に、すぐ対処してトラブルの拡大を防ぐことができましたか。	いろいろな子どもの活躍できる場をつくる努力ができましたか。	子どもの良い面を、できるだけ数多く見つけることができましたか。	子ども一人ひとりの持ち味を見つけ、成長をほめてあげることができましたか。	親が自分のことを「理解してくれている」と感じることができましたか。	親への連絡を密にして、トラブルを未然に防ぐことができましたか。	親からの相談に、親身に接することができましたか。
一点	一点	一点	一点	一点	一点	一点
二点	二点	二点	二点	二点	二点	二点
三点	三点	三点	三点	三点	三点	三点
四点	四点	四点	四点	四点	四点	四点

C同僚との関係			D心と体の健康		
一	二	三	一	二	三
同学年の先生に、わからないことを自由に聞けるようになりましたか。	クラスの悩みを相談できる関係が、つくれましたか。	先輩教師や管理職からのアドバイスの中で、自分なりにできることを取り入れることができましたか。	「つらい時」「イヤだな」と思った時に、相談できる人がいましたか。	映画や旅行に行くなどの工夫をして、気分転換をはかれましたか。	明日でもできることは明日にまわすぐらいの気持ちで仕事をすることができましたか。
一点	一点	一点	一点	一点	一点
二点	二点	二点	二点	二点	二点
三点	三点	三点	三点	三点	三点
四点	四点	四点	四点	四点	四点

【授業づくりチェックポイント】

内容	困難度	課題項目	できなかった	あまりできなかった	まあまあできた	できた	合計点
E授業づくりのポイント	一	自分なりに「得意だな」と感じる教科を見つけることができましたか。	一点	二点	三点	四点	
	二	「できない子」「わからないでいる子」にその原因を教え、手立てをとることができましたか。	一点	二点	三点	四点	
	三	学期に一回程度で良いので、今の自分なりに納得する授業ができましたか。	一点	二点	三点	四点	
	四	教材研究を深め、教科書の内容をどの子にも理解できるような工夫を盛り込むことができましたか。	一点	二点	三点	四点	
	五	子どもの光った発言を取り上げ、授業にいかすことができましたか。	一点	二点	三点	四点	

六	子ども同士の発言をつなげる工夫ができましたか。	一点	二点	三点	四点

【一年間を振り返るダイアグラム】

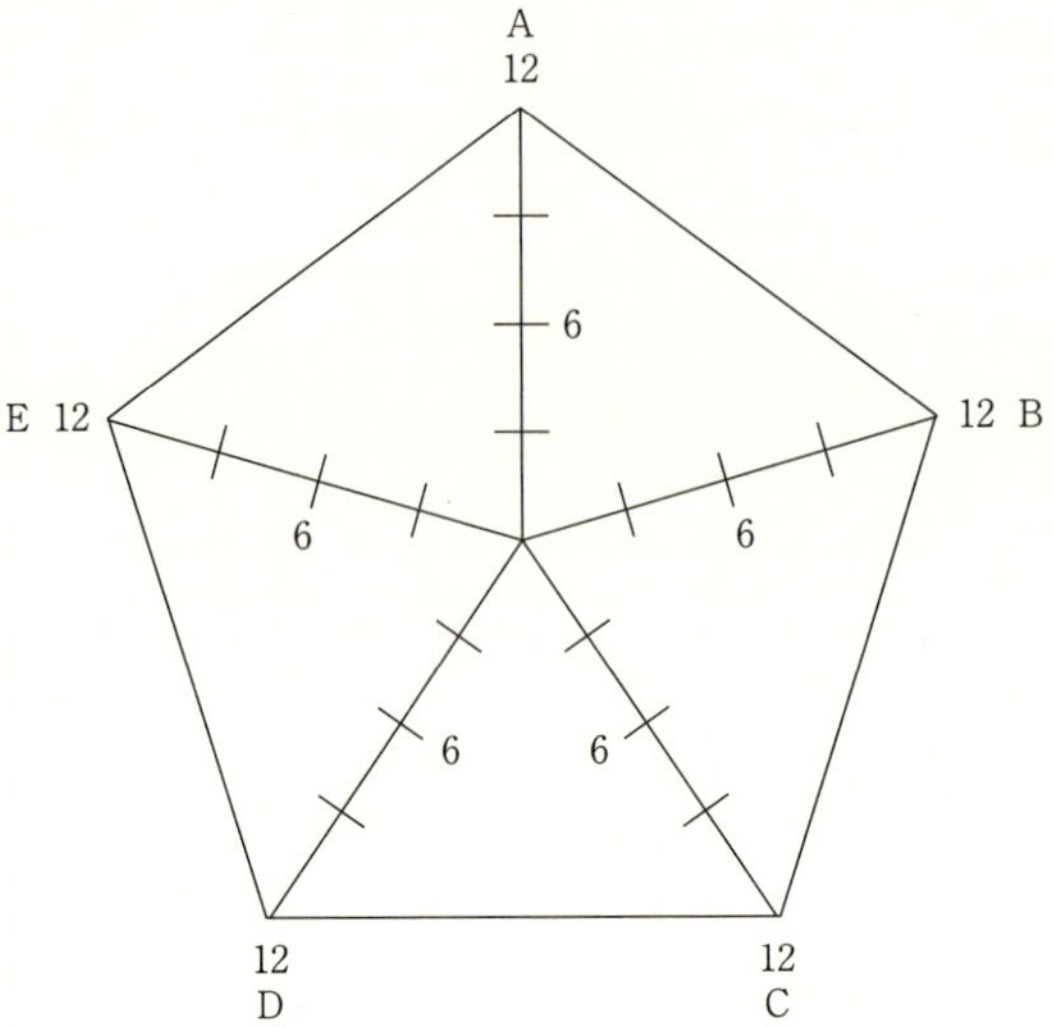

※① A「子どもとの関係」とE「授業づくり」は、合計点を二で割って下さい。その点数をダイアグラムに記入して下さい。

※② このダイアグラムで、落ち込んでいる部分に来年度は力を入れてみましょう。ただし、全部ができることはありえません。自分なりの課題を見つける参考にして下さい。

おわりに

五・六年ほど前に、小学校五・六年の二年間担任した教え子同士の結婚式に呼ばれました。一五年以上経ったのにもかかわらず、私のことを忘れずにいてくれて、結婚式という素晴らしい場に招待してくれたことがうれしかったのはもちろんですが、それ以上にうれしさを倍増させてくれたのは、健二と靖子（仮名）が大変な困難さを克服して結婚までこぎつけたことを知っていたからです。

健二と靖子は、成人式で再び出会い、付き合うことになりました。その付き合っている最中に、靖子の母親が自殺してしまったのです。精神的な病が原因でしたが、その後、靖子の父親もあとを追うようにして自殺してしまいました。靖子はたったの半年で、独りぼっちになってしまったのです。

私は、この二人からも、そして健二の両親からも、「結婚を考えているけれど、どうしたら良いだろうか？」との相談を受けました。健二の両親には、「とりあえず、しばらく様子を見てみましょう」と伝えました。健二と靖子には、「どちらにするかは君たちが考えることだと思うけど、結論を出すまでよく時間をかけてみてほしい。」と伝えたのです。少しして、健二は自分の両親と私に、「もし僕が靖子から離れてしまったら、靖子は本当に独りぼっちになってしまう。それは、やはりどうしても僕にはできない。」と伝えてきました。健二の両親は迷っていましたが、健二は自分の意見を曲げませんでした。

私は、結婚式のスピーチで、次のような詩を贈りました。

「二人が結婚すると聞いた時、／びっくりすると同時に／心の底からうれしくなりました。／困難を乗り越えた二人のたくましさに／胸を打たれたからです。／人生は努力したからといって／必ず報われるわけではありません。／うれしいことよりも／くやしいことや悲しいことが／多いのではないでしょうか。／それでも私たちは／人生をすてることはできません。／一人では無理でも／二人ならその荷物は半分になります。／時には相手の荷物を持ち／時には相手に荷物を持ってもらいながら／二人で時を刻んでいってほしいと／心から願わずにはいられません。／大好きな二人に／私の内なる喜びを／すべて束にして贈ります。」（要旨）

参加者は、一緒に泣いてくれました。私は健二に人間として大切なことを学ばせてもらったように思うのです。教え子が成人し、今度は人間としてのすばらしさを教えてくれる。そんな関係がつくれることが、教育という仕事の素敵さだと思うのです。

今、教育という仕事には、たくさんの困難さが存在しています。時として、その困難さにくじけそうになることもあるのではないかと思います。その時は、一度しりぞいてもいいのです。一度しりぞくことで、もう一度頑張る気力が湧いてくることがあるからです。

しかし、教師という仕事は、本当にやりがいのある仕事です。健二の例のように、大人になってから、人間としての生き方を教えてもらえるのです。学ばせてもらえるのです。私は、教師という仕事をしなかったとするなら、きっと今よりももっと狭い世界で生きていたのではないかと思うのです。今まで、私は六〇〇人以上の子どもを担任しました。それは、六〇〇通りの人生を共に経験したことになります。私一人の人生を生きるのではなく、たくさんの人生を我がことのように経験することができました。

つらかったことも含めて、私を成長させてくれたのは、子どもたちと親たちでした。そんなことが、この本を通じて読者の皆さんに伝わったなら、こんなにうれしいことはありません。

結局、この本ができあがるまで二年近くかかってしまいました。そんな私に我慢強く付き合って下さり、本にまとめて下さったミネルヴァ書房の川松いずみ氏に、改めてお礼を言いたいと思います。

二〇一二年一二月吉日

増田修治

《著者紹介》

増田修治（ますだ・しゅうじ）

1958年，埼玉県川越市生まれ。1980年，埼玉大学教育学部を卒業後，埼玉県の小学校教諭として28年間勤務。子どもたちが日常のことを赤裸々に綴る「ユーモア詩」の実践が注目を浴びる。2002年には，ＮＨＫにんげんドキュメント「詩が踊る教室」で，学級の様子や詩の授業などが放映され，反響を呼ぶ。また，翌年2003年にはテレビ朝日「徹子の部屋」に出演し，スタジオが笑いに包まれた。現在，白梅学園大学子ども学部子ども学科准教授。その傍ら，若手の小学校教諭を集めた「教育実践研究会」の実施や，小学校教諭を対象とした研修の講師なども務めている。

著　書　『話を聞いてよ，お父さん！　比べないでね，お母さん！』主婦の友社，2001年。『子供力！　詩を書くキッズ』弓立社，2001年。『笑って伸ばす子どもの力』主婦の友社，2002年。『どうする？　ことばで伝え合う学級づくり』教育開発研究所，2007年。『ユーモア詩がクラスを変えた』ルック，2008年。その他多数。

「ホンネ」が響き合う教室

――どんぐり先生のユーモア詩を通した学級づくり――

2013年２月10日　初版第１刷発行　〈検印省略〉

定価はカバーに
表示しています

著　者　増　田　修　治
発行者　杉　田　啓　三
印刷者　中　村　知　史

発行所　株式会社　ミネルヴァ書房
607-8494　京都市山科区日ノ岡堤谷町１
電話代表　（075）581-5191
振替番号　01020-0-8076

中村印刷・清水製本

ISBN978-4-623-06517-2

Printed in Japan